北京汉阅传播
Beijing Han-read Culture

西方传统 经典与解释
Classici et Commentarii
HERMES
智术师集

张文涛 ●主编

高尔吉亚与新智术师修辞

Gorgias and the
New Sophistic Rhetoric

[美] 布鲁斯·麦科米斯基（Bruce McComiskey）●著

张如贵●译

吉林出版集团有限责任公司

出版说明

　　柏拉图对话没有一篇以诗人命名，却有好些篇以智术师命名，似乎智术师是柏拉图更大的敌手。柏拉图哲学堪称对公元前5世纪雅典启蒙运动最为深刻的批判，旨在收拾启蒙运动导致的礼崩乐坏残局——古希腊的智术师们是雅典启蒙和民主运动的思想引领者，要理解柏拉图甚至深入理解古希腊思想史，必须认识智术师。现代哲学可谓现代启蒙运动的结果，认识古希腊智术师的思想也为我们理解现代哲学提供了极好的参照，因为，从某种意义上说，现代启蒙不过是雅典启蒙的翻版，柏拉图的处境仍然是我们今天的处境……

　　本系列将提供古希腊智术师派全部今存文本(含残篇)的笺注体汉译，亦选译西方学界的相关解读及研究成果，以期为我国学人研究雅典启蒙打下基本的文献基础。

古典文明研究工作坊

西方典籍编译部戊组

2010年8月

目 录

中译本说明

    如果有兴趣稍微多翻检一下当代西方的智术师及相关修辞研究，便会发现，情形着实热闹得很。虽然几乎所有的当代智术师研究者们都在为智术师翻案、做辩护文章，但具体进路各有差异，诸如新实用主义、女性主义、种种后现代理论等时髦思潮，都可以在这里找到响应。研究者们打起口水仗来，更是颇拘小节。

    本书作者麦科米斯基（Bruce McComiskey），想要在夏帕（Edward Schiappa）的历史重构（参其收入本丛书中的《普罗塔戈拉与逻各斯》一书）和波拉克斯（John Poulakos）的新智术师挪用（参其收入本丛书中的《古典希腊的智术师修辞》一书）之间走出第三条道路来，因而算是一个调和派。于是，作者一方面致力于对民主雅典时代重要智术师高尔吉亚的形象进行历史重构，对其残篇和思想进行局部和整体的解读，另一方面则试图揭示高尔吉亚的修辞理论如何在今天经由新智术师之手得到了充分利用。对这种当代西方学术工业生产中典型的中规中矩的技术套路，我们大可不以为然，不过，作者简明扼要地揭示了智术师与当今后现代派的诸多思想关联，直观明朗地向我们呈现智术师修辞在当代的全面复活，由此提醒我们恰切认识当下思想文化的处境及其古老渊源——从这一点说，本书颇有意义。

所以，本书最大的好处，便是让我们有个简便的机会，看到古老的智术师文化早已在当代多元文化主义的新新世界里全面开花结果了（德里达、利奥塔、鲍德里亚、罗蒂、费什……），其状况之盛，超出我们的想象。读了此书，你一定会恍然大悟，原来今天智术师简直遍地都是啊……看着眼前全球村里这番繁芜纷乱的文化景象，真叫一个乱花渐欲迷人眼。

施特劳斯说，"柏拉图对智术师的批判，是对'知识分子'的批判"（《信仰与政治哲学》中译本，页88、93）。知识分子（intellectual）本来应该是智识或理智（intellect）、从而古典意义上的知识追求或智慧追求的代名词或化身，可是今天，知识分子面临的最大悖论，正是对知识或智慧的背离。

为什么施特劳斯会认为智术师就相当于今天的知识分子？在施特劳斯看来，智术师是什么样的人？在与科耶夫论战时，施特劳斯曾这样区分哲人与智术师："哲人只关心对智慧的追求，只关心在那些天生有能力从事哲学的人那里，点着和燃旺对智慧的爱……如果哲人由于肉体的弱点，变得关心起别人的承认（引按：也就关心由他人的承认而来的名声和荣誉）来，他就不再是一个哲人了，按照古代经典的严格观点，他就变成一个智术师了"（《论僭政》中译本，页220）。在《自然权利与历史》中，施特劳斯对智术师有更充分的论述，比如他说："智术师是这样的人，他对真理漠不关心，也不热爱智慧，尽管他比别的大多数人都更清楚，智慧或科学乃是人类最为卓越之物。他认识到了智慧的独特性质，知道由智慧而来的荣誉乃是最高的荣誉。他关心智慧，不是为着智慧本身的缘故，而是为了与智慧相伴随的荣誉或名声"（页117）。

智术师当然都是些非常聪明的人，他们关心智慧，利用智慧，甚至玩弄智慧，但就是不热爱智慧。热爱荣誉与热爱智慧的差距，最终不可以道里计：智术师由此否定确定的知识而代之以相对主义，在政治主张上诉诸掌控偶然、讲求平等的社会契约论，并发展出一套逻辑特别的论辩之术以服务于上述目的。施特劳斯说的"变成"二字值得留意——说到底，与其说智术师全然不是哲人，不如说智术师是哲人的古典败坏类型。

施特劳斯说到智术师即知识分子时，是在与沃格林讨论该不该用生存主义的术语来描述柏拉图，因为施特劳斯看到，在柏拉图与现代的生存主义之间，实在有着不可调和的冲突。不过，这种冲突仅仅是古代与现代的冲突吗？那倒不是。海德格尔说，人的生存或此在就是在世界之中存在，这话听来不就像智术师普罗塔戈拉在说，人所认识的世界都是与人有关的世界（"人是万物的尺度，既是存在者存在的尺度，也是非存在者非存在的尺度"）？无疑，在施特劳斯眼里，海德格尔这位"最为清楚地思考过'生存'问题的人"关于此在世的看法，完全就是智术师式的。所以，某种意义上，施特劳斯对生存主义或海德格尔的批评，也就是现代版的柏拉图对智术师的批评。

在今天大众传媒空前发达的时代，对荣誉、名声或"承认"的获求有其更为便利高效但却败坏堕落的方式，即大肆地迎合公众，向公众谄媚，也就是，媚俗。我们都知道，出现于现代性历史-政治处境下的知识分子类群，向来就以公共担当为己任，"公共知识分子"一词实为同义反复。可是，为什么"公知"会成为一个贬义词（有如"智术师"在柏拉图那里成了个贬义词），这本身就是值得思考的一个问题。无论如何，媚俗公知的出现，令知识分子与知识或智慧的距离更加遥远了。所以，就连一位我们深为景仰的公共知识分子泰斗，也做出了这样的观察和反省——"公共越多，智识越少"（波斯纳语）……

总之，本书最大的功劳，便在于提醒我们：当今时代的智识处境，完全是一片为智术师文化所笼罩的氛围。鉴于此书的特殊意义，编者特地约请好友、西南石油大学外国语学院英语系副教授张如贵兄翻译出来，以飨读者。如贵兄在百忙之中仍然一如既往地支持我，在此谨表谢忱。

张文涛

2013年7月

于重庆大学人文社会科学高等研究院

因此，对智术来说，首要情形既是历史的亦是学术的：在智术中有一值得研究的领域，在这一领域中，有一值得理解的沃土，它不断地产出种种新"智术"。

——罗吉尔·莫斯

致　谢

　　古典修辞学在美国传播学研究和英语院系中的复兴，重新引发了人们对诸多历史人物，特别是对智术师的兴趣。当然，若无前人那些耐心专注、细致详审的学术研究成果，本书之写成，几无可能。这些研究者认为，对当代的修辞学者，希腊的智术师还有颇为重要的东西要说。克罗雷（Sharon Crowley）、埃诺斯（Richard Enos）、加纳特（Susan Jarratt）、尼尔（Jasper Neel）、约翰·波拉克斯（John Poulakos）、塔克斯·波拉克斯（Takis Poulakos）、夏帕（Edward Schiappa）以及维坦查（Victor Vitanza）等诸君之前的著作，为本书《高尔吉亚与新智术师修辞》的写成奠定了基础。

　　本书的问世，得益于多年以来我和许多学者，如劳尔（Janice Lauer）、夏帕及柏林（Jim Berlin）诸君具有启发性的讨论。对以上诸君，笔者一直心怀感激。同时，我也要感谢史蒂文斯（John Stevens），他帮助我翻译了高尔吉亚的《海伦颂》，功莫大焉。

　　兹将《高尔吉亚与新智术师修辞》一书，献给我的妹妹凯伦和妹夫司各特，以及小侄强纳生和史蒂芬。本书的历史研究路径，他们或许持有异议，但他们的关爱和支持却使一切皆成可能。

　　本书问世之前，部分章节曾在不同杂志发表。第一、二章大体源自"拆解《高尔吉亚》中柏拉图对修辞的批评"（原刊《修辞学评论》1992年总第11期，页79～90，经劳伦斯·厄尔鲍姆出版社同意重印）以及"高尔吉亚与修辞技艺：现存高尔吉亚残篇的整体性解读"（原刊《修辞学会季刊》1997年总第27期，页5～24）两文，仅略做修改。第五章对"全球村、多元文化主义与智术师修辞的功能"［原载斯维尔林金（C. Jan Swearingen）编《修辞、城邦与全球村》，劳伦斯·厄尔鲍姆出版社，1999，页75～82，经出版社同意重印］一文做了大幅度扩充。最后，附录中罗列的一些资料，源于"智术师修辞与哲学：英语学界1900年以来学术文献选介"一文（见《修辞学会季刊》1994年总第24期，页25～38）。

导　言

20世纪70年代至80年代间，人文学者得以亲睹智术师学说
的复兴，亲睹这些学说以"新智术师（neosophistic）"的面貌
被大量运用到各种当代学科之中。但是，整个90年代出现了一
些重大进展：对于作为个体思想者的智术师们，我们有了更多
的了解，因此，有必要重估我们对于这群迥异于他人、四处游
方的教师的认识；同时，一些关于新智术师挪用（neosophistic
appropriation）的评论文章，促使人们有机会重新思索古代智术
师学说对当代教育学目标和政治目标的贡献。在本书《高尔吉亚
与新智术师修辞》中，笔者考察了智术师的复兴，以及这一复兴
在晚近带来的特别与修辞研究相关的一些修正意见。

智术师

智术师是谁？这个问题比大多数人所认识到的要难以回答得
多。有证据表明，在古希腊世界，任何一个有智慧的人都叫作智
术师，然而，从某些论述公元前5世纪演说术的20世纪学术著作
中，我们了解到，智术师们持有某些共同的信念。即便如此，在

阅读现存智术师的文本时，我们也发现，从他们对风格的运用，到他们的知识论信念，再到他们的政治理念，智术师之间的差异都非常大。

"智术师是谁"这个问题，即便对一个生活和研究于从古代的古典时期到古代晚期的人来说，也难以回答。柏拉图对智术师这一术语的否定性使用，其影响之深远，以至于亚里士多德及后世的修辞学家都只是在指称他们时代最不伦理的演说者之时，才肯用这个术语。以下是从柏拉图的作品中掘出的几个例子，态度鲜明地表明了他对智术师的看法：

2

　　陌生人：智术师的技艺可以追溯至敛聚性、获取性系统的一个分支……它以人为猎取对象，私下里进行，目的是为受雇于人，以收取金钱为回报，与教育类似——这种技艺就叫智术（Sophistry），它猎取富豪显贵之家的年轻子弟。（《智术师》，223b）

　　陌生人：那么结论是，智术师对一切主题都有只是号称的、表面性的知识，而没有关于实在（reality）的知识。（《智术师》，233c）

　　阿尼图斯：我希望我的亲朋好友，无论是雅典人还是外邦人，都不要愚笨到被这些人（智术师们）所毁灭。他们就是这样的人，任何和他们打交道的人，明显都要遭其毁灭和腐蚀。（《美诺》，91c）

　　苏格拉底：但像你这样的一个人，以一个智术师的身份面对同胞，难道不觉得羞耻吗？……
　　希波克拉底：如果说真心话，那么我确实会觉得羞耻。（《普罗塔戈拉》，312a）

苏格拉底：我知道智术师们发表过很多华丽的言辞，并且相当自负。但是，由于他们只会浪迹于城邦之间，居无定所，我担心他们对哲人和政治人的看法是错的，担心在战争时期，在与敌人博杀或谈判之时，他们不知道自己的所言所行。（《蒂迈欧》，19e）

苏格拉底：这些收费授徒的私人教师，政治家们称其为智术师并视其为敌手，这些人给人灌输的无非就是大众在公共集会上所发表的那些见解罢了，可他们还把这种知识叫做智慧。（《王制》，6.493a）

亚里士多德也许是柏拉图最出名的学生，他遵从了师法（party line），可以说，他对智术师和智术的看法，很像《智术师》中的陌生人的观点。在《论智术式辩驳》（*Sophistical Refutations*）中亚里士多德写道："智术师的技艺貌似智慧而实非真正的智慧，智术师就是靠这种似是而非的智慧来赚取金钱的人（165a）。"同时，正如亚里士多德《修辞术》的译者肯尼迪（George kennedy）所言，在该书中，亚里士多德将智术师们描绘成了运用"狡诈的"或"似是而非的"论点的人（35～36）。这样，后世修辞学家便以亚里士多德的描述为基调，对智术师们横加挞伐，说无论事物好坏——也就是说，无论当时碰巧有何种流行的修辞理论——智术师们都一概加以反对，也不管该理论实际上与很多智术师所擅长的东西有相似之处。不过，幸运的是，并非所有古代学人都接受柏拉图和亚里士多德的这套说法。

阿里斯提德斯（Aristides）是公元2世纪的希腊修辞学家，一生游历甚广，曾在亚洲、意大利和埃及研习修辞学和哲学，但成年时期大都在雅典演说、著述和教学。阿里斯提德斯受训于宏富的雅典演说传统，熟稔智术师学说，对智术师与柏拉图及其追随者相关联的那一段令人困惑的历史了然于心。然而，即便是阿里斯提德斯也承认，古希腊术语"智术师"的原意是"有智慧的人"，直到柏拉图及其公元前4世纪的同时代人开始，才将"智术师"变成了一个带有贬义的术语。在其《演说集》（*Orations*）中，阿里斯提德斯这样说道：

> 希罗多德不是把梭伦（Solon）叫作"智术师"吗？同样，他不是对毕达哥拉斯也这样叫过吗？安德罗提翁（Androtion）不是把七贤（七个有智慧的人）叫作"智术师"吗？同样，他不是把苏格拉底这位名人也称作"智术师"吗？……吕西阿斯（Lysias）不是把柏拉图，还有埃斯契尼（Aeschines），都叫作"智术师"吗？有人要说，吕西阿斯这样叫是想表示贬抑。但其余作者对另外那些名人根本就没有任何贬低之意，相反，他们直呼这些名人的名字。并且，即使人们把柏拉图叫作"智术师"时可能带有贬意，为何人们谈到其他人时也这样称呼？所以，我觉得"智术师"在当时可能是一个通用术语（general term）。（46）

那么，按阿里斯提德斯的说法，"智术师"这一术语的用法曾有过一次大的转变。在柏拉图之前，把人叫作智术师是带有褒义的，但在柏拉图之后这样叫却成了羞耻的一个来源（参《普罗塔戈拉》中苏格拉底和希波克拉底的讨论，部分见前面引述）。若欲尽可能全面了解智术师进而了解新智术师修辞，我们就必须明白，柏拉图对智术师的描述很具体，但却具有欺骗性，他将这一术语的用法仅限于指称那些与他相争的游走四方的教师，同时，他也将某些特性和学说不太准确地归给每位智术师人物，但从现存文本看，这些特性和学说可能站不住脚。

　　但是，柏拉图之后的数个世纪中，人们接受到的有关智术师 4
的知识，大部分都来自柏拉图的对话。即便真有某个智术师文本
被详尽研究过，那也是从柏拉图的词屏（terministic screen）这
一角度来进行研究的。不过，在20世纪，这种已被接受的知识将
会有所改变。按照格思里（W. K. C. Guthrie）的说法，一些研究
古代哲学的学者开始重新思考智术师和他们的敌手柏拉图之间的
对立，重新思考的背景是由几起历史事件（特别是"二战"前和
"二战"期间在德国发生的骇人听闻的事件）所造成的。格思里
写道：

　　　　一直到相对晚近时期，盛行的观点——我这一代的学者
　　在其中耳濡目染地成长并熟知的观点——都还是认为在柏拉
　　图和智术师的争辩中，柏拉图是正确的。柏拉图言行如一，
　　是一个真正的哲人或者说爱智慧的人，而智术师也确实肤浅
　　寡陋，贻害青年，最糟糕的是，他们甚至是些故意骗人的家
　　伙，按照现代意义来说智术师的话，他们就是些散播智术的
　　人。然而，从20世纪30年代起，我们可以看到，有一场声势
　　浩大的运动在为智术师及其同类正名，把这些人视为进步和
　　启蒙的倡导者；同时，也出现了对柏拉图看法的急剧转向，
　　把柏拉图视为心胸褊狭的保守分子和威权分子，一个靠中伤
　　诽谤智术师的名声进而打压智术师著作的人……的确，欧洲
　　极权主义统治的出现和第二次世界大战的爆发，强有力地推
　　动了这场运动；同时，了解到纳粹党的目标，正如在其官方
　　纲领中所描述的，是为了创造出最最柏拉图意义上的国家卫
　　士，这是颇令人不安的。（10）

　　这些对智术师学说的"新阐释"有一个问题，那就是，它们
采取的仅仅是一种否定性的解构方法。换句话说，这些阐释并没

有对柏拉图所认为的那些属于智术师的学说本身加以责难，相反，他们把这些学说当成历史事实加以接受，并试图以不同的方式去评价它们。这些新阐释认可了柏拉图与智术师的对立，只是现在受责难的是柏拉图而非智术师。这样问题就出现了，因为当我们研究现存智术师文本时，发现很多在柏拉图眼里本属于这些游走四方的教师的学说，实际上可能并非智术师们自身所秉持的。因此，这些20世纪前半期所谓的新阐释所重估的智术师学说，并非智术师本人的，而是柏拉图归给他们的。

5　　　　在公元纪年的整整2000年间，出现了四种研究智术师的路径，这里依照其价值由低到高逐一列出。第一，有些学者全盘接受柏拉图所说的话，将智术师贬斥为贪婪成性的欺诈之徒。第二，一些学者接受了柏拉图关于智术师的言论，但是，基于柏拉图所刻画的智术师形象，他们尊重这些游走四方的教师而非贬低他们。第三，一些学者撇开柏拉图对智术师的错误再现（misrepresentations），亲自研究智术师文本，试图在那些最有名望的"早期"智术师之间发现共通的脉络。第四，一些学者撇开柏拉图对智术师的错误再现，亲自研究智术师文本，试图了解各个智术师在前苏格拉底思想语境中的独特贡献。我认为，无论史学家对柏拉图所刻画的智术师形象是否定还是赞赏，把柏拉图的对话看成是对那些游走四方的智术师的观念和实践进行的真实历史写照，这样的学术观点怎么说也是不可靠的。不过，批判或者忽略柏拉图的错误再现，站在智术师们自己所说的话这边，有助于我们更准确而充分地阐释智术师的学说。尽管我深信把智术师当成有松散关联、各持异见的一群人来研究自有其价值，但我认为，对智术师学说最准确的描述，来自对各个智术师的单独研究。

新智术师修辞

　　20世纪70年代和80年代间，美国传播学领域和英语院系的学者们都在讨论特里姆伯（John Trimbur）和其他人所说的修辞研究的社会转向——一个朝向社会建构主义和（社会）知识论修辞学的转向。由于这些学者关心的是恢复修辞史上被边缘化的声音，同时，他们赋予了自己从事的学科以政治倾向，智术师研究一时成为学术界的显学。在其《历史哲学论纲》中，本雅明写道："因为每一个尚未被此刻视为与自身休戚相关的过去的形象都有永远消失的危险。"（256）当然，这正是智术的复兴中所发生着的。在那些后来被称为"智术师"的人身上，也就是在那些古代的反基础主义者、民主的支持者及修辞术教师的身上，许多哲人发现了一个处于论争中的同党，进而从古代找到了证据来支持他们对当代修辞学的看法，这些看法与2000多年来受柏拉图批评的智术师的看法一样，几乎一样处于边缘化状态。然而，尽管有很多证据（智术师文本本身的证据，以及来自古代的其他证据，比如阿里斯提德斯的）表明，古代智术师们不过就是有着大为不同的知识论观念和政治理念的有智慧者，不过，早期试图将智术师从柏拉图具有欺骗性的描述中恢复出来的运动，导致了对智术师的某些概括，这些概括最终是损害了其初衷，而非有助于其初衷。

　　这类作为早期智术师复兴之特点的概括，其具症候性的是波拉克斯（John Poulakos）颇有影响的那篇文章——《走向一种智术师式的修辞定义》。在该文中，波拉克斯得出了一个前后一致的智术师特色的、他认为依然很重要的修辞定义："修辞是试图在适当的时机捕捉适当的东西、努力就可能成功之事给予暗示的技艺。"（36）波拉克斯声称，他对修辞的定义是从"这群修辞教师中的公认的重要人物，如普罗塔戈拉、高尔吉亚、安提丰、希庇阿斯、克里蒂亚以及特拉绪马科斯"等智术师身上归纳出来的。夏帕（Edward Schiappa）曾反复指出，波拉克斯的这类概括，最明显的问题就是，他列举的那些历史上的智术师都是迥然不同的，从任何可靠的证据中根本不可能得出那些结论。实际上，波拉克斯列出的八大智术师之一克里蒂亚（Critias），是一个寡头式僭主，公元前404年三十僭主推翻雅典民主政治就是由他领头的。按韩蒙德（N.G.L. Hammond）的说法，三十寡头的观点和方法可从克里蒂亚的两句名言中反映出来，一句是"最好的政制是斯巴达的政制"，亦即雅典人在伯罗奔尼撒战争中抗击了数十年的军事性寡头制；另一句就是"所有政制的革新皆需经过流血"。以克里蒂亚及其刺客为首的三十僭主，在公元前404—公元前403年的恐怖统治期间，处死了1500人，流放了5000多名希腊同胞（443～444）。克里蒂亚（当然还包括波拉克斯列出的其他智术师）要是在世的话，断然不会同意波拉克斯给修辞所下的定义，因此，诸如克罗雷、加纳特、勒夫、莫斯、尼尔、波拉克斯以及维坦查等一些学者，将克里蒂亚（及其他智术师）当成当代政治方案中的一个典范来加以对待，是行不通的。

1991年，夏帕参与到智术师和新智术师修辞的论争中，他提出了一些重要的修正意见。在《智术师修辞：绿洲抑或幻景》一文中，夏帕认为，我们所了解的智术师修辞，实际上是一个"幻景"，是"我们看到了这种东西，因为我们想看，也需要看到这种东西，但是一旦我们细加审察，它就马上蒸发不见了"（5）。首先，智术师修辞之所以是幻景，是因为在柏拉图之前被称为智术师的个体们都是相互之间大为不同的。因此，"我们无法找出一个能给'智术师'以明确定义的特征，那种能让我们把这一群体缩小到足以得出某一共同观点或一套行为方式的特征，是找不到的"（8）。其次，夏帕令人信服地证明了是柏拉图新造了"*rhêtorikê*"（这是我们的rhetoric一词的来源）这一术语。

智术师们用来指称其话语技艺（art of discourse）时用的是逻各斯（*logos*）一词而非rhetoric。既然每一位智术师对*logos*的理解（试比较两位最著名的智术师高尔吉亚和普罗塔戈拉）大相径庭，我们就不能简单地认为存在一个共通的、关于智术师修辞的定义（8~9）。夏帕的结论是，如果确实有很好的理由让我们从公元前5世纪借鉴一些观念的话，那"就让我们搞清楚所借鉴的东西的本质是什么（15）"。我们不应将智术师修辞建构成一种几无历史有效性的文类虚构（generic fiction），而是要列出那些在其身上能找到与我们有契合之点，能成为我们丰富资源的独立的智术师。还有，如果我们为当代目的而挪用古代的学说，那么，诸如"新智术师（neosophistic）"这样的标签就表明，"正是我们自己在构想修辞学"（15）。

在《新智术师修辞批评，抑或智术师学说的历史重构》（以下简称《新智术师》）一文中，夏帕借用罗蒂（Richard Rorty）的术语，区分了智术师学说的历史重构（historical reconstruction）与新智术师修辞理论和批评的理性重构（rational reconstruction），并指出，尽管"两种活动都是颇有价值的思想努力"，但是"我们的学术研究只有将二者区分开来才能受益"（193）。梅金（Stephen Makin）认为，"对某个哲人的思想进行历史重构，可以描述过去某位思想家对他的同时代人所言说或意欲言说的东西"，但"理性重构却是把思想家（多为已故的）纳入我们自己的哲学框架予以研究"（转引自夏帕，《新智术师》，页193~194）。夏帕论述道：

　　理性重构与历史重构的区别在于其方法和目的不同。由于历史重构的目的是尽可能捕捉过去的历史本身，因此，历史学家和语文学家的方法，特别是语文学家解读经典著作的方法就再合适不过了。相反，理性重构的目的是为当代学者提供一种批评视角，因此，在解读前辈作者怎样通过其文本向当代读者言说的过程中，读者的价值需求便使其更加注重解读的创新而非过于严格的字句解读。（夏帕，《新智术师》，页193~194）

8 　　最后，夏帕认为，实践新智术师修辞批评的学者"为促进当代的理论和实践，吸收了智术师的思想。他们是'理性重构'的典范，其价值不是严格以历史准确性来衡量，而是以创造性和当代实用性来衡量的"（195）。

　　笔者同意夏帕的观点，即我们必须明确区分阐释古代学说的历史性学术研究和为了当代目的而挪用古代学说的"新"历史学术研究的目的和方法之间的不同。[①] 但是，对夏帕的分类方法笔者确有两点异议。首先我认为，历史重构与理性重构是连续体上的流动点，不是什么要么全有要么全无的范畴（同时请参看维坦查，31），这个连续体最好更一般地理解为历史阐释。第二，新智术师的挪用并不属于理性重构的范畴，毋宁说，由于其目标与方法不同于历史阐释的那些特点，新智术师的挪用要求有其自己的范畴。

　　在《历史书写》一书中，德塞托（Michel de Certeau）认为，历史书写一定是个偶然性的过程，这"促使人们在什么可以被理解与什么必须被遗忘之间做出选择，以便获得对一种当下之

---

　　① 康塞尼（Scott Consigny）反对夏帕研究中的这一区分，他认为，任何历史阐释都必然是挪用性的。"新智术师在他们的叙述中完全是'历史主义的'，因为他们坚持认为每一历史叙述本身都是一种创造书写，受历史条件的支配，他们也坚持认为，每一位历史学家都不可避免地身处他或者她自身不确定的历史观之中。"（《夏帕对智术师的解读》，第255页）尽管笔者认同康塞尼的观点，即所有历史书写都是阐释性的，都受到作者自身的历史时刻的条件制约（由此便引出对历史重构和理性重构这一区分的质疑），但我认为，没有任何理由将那些目的是阐释历史理论的学者与那些目的是挪用这些历史理论的学者混为一谈。

可理解性的呈现"（4）。对德塞托而言，（对任何东西的）书
写这一行为本身就是阐释，就是建构；我们在书写各种历史时，
是通过各种学科和制度的透镜来进行这一社会行为的。除非通过
可以理解的框架，对于当下来说过去是无法理解的，要想重构
过去的本来面目根本不可能。由于人脑的演化是新技术和社会
制度的反应，它获取过去的"真理"的能力会不可挽回地丧失
掉。换句话说，要想理解公元前5世纪希腊智术师的原初书写性
的（protoliterate）（或依然部分是口头性的）话语理论，我们
根本无法去除自己的书写性思维方式（literate mindset）［昂格
（Walter S. J. Ong）］或者后书写性的（post-literate）电子思维
方式［麦克卢汉（McLuhan）］，因此，我们永远无法完全理解高
尔吉亚对逻各斯的真正看法（如果某种真正的观点真正存在的
话），因为，我们不是公元前5世纪的希腊人。正是在此种历史
观下，历史重构和理性重构的区别开始站不住脚了。

但这并不意味着夏帕和罗蒂所谓的历史重构就无法实现。历
史重构者们有意识地试图撇开那些他们知道在过去是无法获得的
现代框架。例如，在《事物的秩序》中，福柯写道："18世纪
的历史学家想撰写生物学史，但是，他们并没有意识到生物学那
时是不存在的，他们并没有意识到，对于前一个时期来说，150
年来为我们熟知的知识形态是毫无价值的（127）。"这就是历
史重构主义者对史学研究所持的立场，同时也是夏帕研究智术
师修辞所持的立场。在《为修辞正名》（*Rhêtorikê*：*What's in a
Name*？）一文中，夏帕认为，希腊词语*Rhêtorikê*是由柏拉图新
创的。既然修辞这个词和它所代表的学科直到公元前4世纪才出
现，那么，假定公元前5世纪的智术师中已经有了理论化的修辞技
艺甚或有了以修辞技艺为职业的人，就是犯了年代错置的错误。

然而，需要记住的重要一点是，没有哪个历史学家能够对决
定他们阐释过程的所有现代框架给出一个全盘评价（进行分析和

9

完全了解）。历史方法论理论家波普尔（Karl Popper）认为，在任何历史阐释中，"会不可避免地持某种视点，任何想避免视点的天真做法都会造成自欺欺人，甚至造成对某种无意识的视点不加批判的运用"（216）。因此，我认为，即使夏帕对寻求智术师修辞的行为持贬抑态度，他毕竟还是受他身处其中的20世纪思想方法左右，包括他在研究古代文本时所运用的关于历史和历史撰述的新实用主义立场。事实上，"历史重构"或客观史学研究这一概念本身就是一个现代发明物，一个为古代智术师兼历史学家如希罗多德和修昔底德等人并不知晓的发明物。①

同时，必须认识到，从事夏帕和罗蒂所说的理性重构的学者，在他们的写作中并没有将历史重构排除在外。换句话说，理性重构行为本身不仅仅是运用历史材料来描述当下的过程。不论我们进入过去的方式如何不完美，过去对理性重构的支配与对历史重构的支配是一样的。的确，我们归类到历史重构主义者范畴的大多数学者，都在智术师中发现了修辞，比如柯费尔德（G. B.Kerferd）、格思里、韩蒙德、劳埃德（G.E.R.Lloyd）、伦茨（Tony M. Lentz），以及埃诺斯（Richard Leo Enos）等人。这些古典学者在谈到公元5世纪的*logôn technê*（话语技艺）的时候，或出于疏忽，抑或出于与理性重构的联系，均把它称为修辞（rhetoric），这一事实并不表明他们与那些没有用修辞这一术语来指称智术师之*logôn technê*的学者相比，在学术研究中不重

---

① 韩蒙德指出，希罗多德和修昔底德属于创造性作家，他们并不关心对希腊历史进行客观的记录和描述。他说，希罗多德"将属于人的记忆范畴的东西和未知世界领域的东西一并混入了他的历史世界中了"，他"创作的是自己的'故事'，或者说在某些方面改编了前辈史家的'故事'，然后又对整个故事加上了一致性，这种一致性不仅源自于他的个性，也源自一个核心的、戏剧性的主题——东方与西方之间的冲突。"（337）

韩蒙德进一步指出，尽管希波战争中希腊英雄所说的话并无真正记录，但希罗多德写的言辞"不仅包括他们实际上所说的大概意思，也包括某些希罗多德认为适合于每一场合和每一演说者的那些辞词"。（430）

视历史事实。进而，在历史重构主义者们试图将各种现代图式从
其阐释方法中剥离开去——这是一个多半行不通的任务——的同
时，一些理性重构主义者承认这些现代图式的必然性，并小心行
事。在文化研究和社会学研究中，这种对某些概念出发点的自觉
承认被称为"理论告白"（Willis，90～91）。

　　因此，总结关于我与夏帕之分类方法的第一个分歧的讨论，
笔者重申，历史重构和理性重构是一个连续体上的流动点，不是
什么要么全有要么全无的范畴，这个连续体最好更一般地理解为
历史阐释。由于任何理性重构行为必然涉及历史重构，再加上任
何历史重构行为必然涉及（无意识的）理性重构，可以毫不夸张
地说，把历史书写视为非此即彼的事情就并非易事。历史重构与
理性重构被视为历史阐释这一连续体上的两个点，二者存在于所
有的历史书写中，对史学研究中的社会实践而言，这两个概念更
具重要性。

　　笔者对夏帕的分类方法的第二点异议，涉及将新智术师的挪
用归类为理性重构的问题。我认为，由于新智术师挪用的实践在
目标和方法上都迥异于那些历史阐释采用的目标和方法，新智术
师挪用就要求符合自身的分类。历史阐释和新智术师挪用之间的
本质区别在于：在历史阐释中，著述者有意或无意地将现代框架
加在过去身上，而在新智术师挪用中，著述者在过去中寻求能够
解决现代理论问题和各种难题的东西。换句话说，认为某个思想
家"身处我们自己的哲学框架"（梅金语，转引自夏帕《新智术
师》，194）并不一定就是挪用行为。尽管许多研究智术师修辞
的学者为了历史阐释而进行历史阐释，但还是有其他研究新智术
师修辞的学者认为，历史的作用应该是解决当下和未来的问题。

　　比如，在《对过去言说》一文中，加纳特质询道："书写修
辞史的女性主义者们是如何迎接挑战，以创造着眼于某一更加公
正的未来的历史呢？"（190～191）尽管加纳特的女性主义历史

研究基于历史阐释，但这还不是纯粹的历史阐释，因为她的目标
和方法不是为了理解古代学说或证明这些学说对于现代理论的有
11 效性。相反，加纳特希望女性主义者们改写历史，以便有新的、
更具平等主义的历史叙事，能够充实进而改变我们当下的压抑的
叙事。新智术师挪用依赖于历史阐释，但是，由于新智术师挪用
的历史方法论具有特意而为的选择性，它在目标和方法上就与历
史阐释有着本质区别。为了让大家充分理解新智术师挪用对当代修
辞研究的影响，新智术师挪用需要拥有一个属于其自身的范畴。

　　尽管新智术师全都投入到挪用的批判性行为中去了，但是并
不是所有的新智术师都在以同样的方式挪用古代学说。正如在
对智术师学说的历史阐释中出现了不同的批评路径，在新智术
师中，同样也存在着不同的批评路径。首先，一些新智术师挪用
柏拉图对这些游走四方的教师的性格刻画，他们要么很重视、要
么就轻视柏拉图对这些人的错误再现［拉纳姆（Lanham）即为一
例］。其次，少部分新智术师忽略柏拉图对智术师学说的错误再
现，转而从实际的智术师文本以及对这些文本的历史阐释中挪用
他们的学说，以便在这些"更早期的智术师"与当代写作及当代
修辞理论家（如加纳特和波拉克斯）之间找到共通的脉络。第
三，更多的新智术师们，则忽略柏拉图对智术师学说的错误再
现，转而从实际的智术师文本以及对这些文本的历史阐释中挪用
他们的学说，以期了解智术师个体（一般而言指普罗塔戈拉和高
尔吉亚）对当代修辞理论和写作的独特贡献（克劳利、尼尔、司
各特、维坦查等人即如此）。我不会详细探讨第一类新智术师的
修辞，因为在我看来其用处不大，亦非普遍现象（因为它将柏拉
图视为讨论智术师的权威）。同时，尽管在本书其余部分，笔者
亦非严格遵从第二类和第三类新智术师挪用的区别，但是，挪用
越具体，由此产生的新智术师修辞就越强有力——记住这一点是
有用的。因此，笔者假定在历史阐释（历史重构和理性重构在此

充当了一个连续体上的两个点）与新智术师挪用之间存在明显的区分，后文基于这一假定，同时也保持着谨慎。

《高尔吉亚与新智术师修辞》是我对这一导言中提出的某些问题的回答（当然只是多种可能回答中的一种），同时也是我对书中将会提出的许多其他问题的回答。我将本书的主体分为两个部分，目的是为了突出我的不同意图。

在第一部分，笔者对高尔吉亚的修辞进行了历史阐释，解读了三个首要的现存文本［《论非存在》（*On Non-Existence*）、《海伦颂》（*Encomium*）、《帕拉墨德斯之辩》（*Defense of Palamedes*）］，将之视为关于逻各斯在群体性（communal）层面和伦理层面之运用的一个整体性叙述，一个与柏拉图在其对话《高尔吉亚》中或正确或错误的再现完全相反的叙述。换言之，第一部分阐释了高尔吉亚在修辞技艺问题上对其同时代人可能要说的话。该部分辟为两章，专门讨论智术师高尔吉亚的学说，在此部分，笔者有意识地避免对智术师这一群体给出缺乏充分根据的笼统论断。具体而言，第一章"拆解《高尔吉亚》（447a～466a）中柏拉图对修辞的批评"中，我认为，柏拉图将高尔吉亚的知识论错误地再现为根本性的东西（方法是迫使其对话中的人物高尔吉亚认同三个策略性的二元对立），这便使得高尔吉亚建基于时机（*kairos*）或正确时刻的修辞方法看上去荒谬可笑了。然而，现存的高尔吉亚文本却有另一种说法。高尔吉亚自己明确表述了一种相对主义的知识论，在这种知识论中，他基于时机的方法论是完全前后一致的。然后，在第二章"高尔吉亚与修辞技艺"中，我撇开柏拉图的掩饰，我希望他的论证至少部分上被拆解了。在这一章中，通过对现存文本的整体性阅读，我对高尔吉亚修辞技艺的知识论和方法论方面进行了更全面的阐释。我认为，《论非存在》将外在现实对人的灵魂的影响理论化了，而《海伦颂》探讨了脱离伦理而运作的说服对人的灵魂的影响，《帕拉墨德斯之辩》则阐明了产生合乎伦理的辩论的话题（*topos*）。从整体上阐释，这些文本为新生的、无论是在正面性或负面性来运用的修辞理论，提供了知识论依据。

在第二部分，笔者考察并研究了新智术师们对高尔吉亚修辞技艺的各种挪用。这部分分为三章，阐释了高尔吉亚对21世纪的修辞学家们可能要说的话，同时也探讨了高尔吉亚修辞的某些方面对当代修辞理论和实践的贡献。当然，这些章节并不想对新智术师修辞下一个常规性的定义，因为这样的定义是虚幻而毫无意义的。相反，第二部分的各章探讨了一种更具体的新智术师的修辞理论和实践，一种完全基于高尔吉亚的智术师学说的修辞理论和实践。具体而言，在第三章"新智术师修辞理论"中，笔者讨论了智术复兴中最具影响的新智术师修辞学家，重点是他们对当代修辞理论的贡献。在第四章"后现代智术学（Sophistics）"中，笔者从后现代主义的视角考察了高尔吉亚，认为当前学界盛行的争辩，特别是关于再现的政治（politics of representation）的争辩，是公元前5到前4世纪之间风行于雅典的争辩的旧曲新翻。最后，在第五章"全球村、多元文化主义与智术师修辞的功能"中，笔者集中讨论了时机（*kairos*）或时刻的问题，在我看来，这是高尔吉亚（及其他一些智术师）对当代修辞学最为重要的贡献。这里，我具体研究了作为古代概念的时机将如何起作用，来帮助多元文化主义的政治策略和修辞策略对抗霸权话语。

在本书中，我希望将高尔吉亚的修辞技艺中那些尚未被阐明的方面阐释清楚，同时，也希望讲述一种几乎完全基于智术师高尔吉亚的新智术师修辞。这一新智术师修辞依赖于三个基本假设：第一，各种知识（知识论）只有放在起决定作用的特殊文化语境中才能得到理解；第二，修辞方法至少部分地依赖于或然性（probability）、情感（affect）和时机（*kairos*）；第三，这种关于恰当时机的相对主义修辞，有助于民主力量的构型，而这种构型又有赖于伦理性论证的发明（invention of ethical arguments）。以下的五章，将会不时聚焦于这种新的（或旧的）智术师修辞的不同方面，我希望，各个部分能够连起来得到一个连贯一致的整体。

第一部分

历史阐释

第一章

拆解《高尔吉亚》（447a～466a）中柏拉图对修辞的批评

　　柏拉图对智术师学说的轻视，特别是在修辞学方面对他们的 轻视，并非什么秘密。柯费尔德认为，总的来说，柏拉图对智术师怀有"深深的敌意"（1）。实际上，智术师的学说在柏拉图的所有作品中都受到批评，特别是在《高尔吉亚》中，高尔吉亚这位来自西西里的莱昂蒂尼（Leontini）的智术师受到了最直白的嘲讽。尽管总体上柏拉图对智术师，特别是对高尔吉亚持公开的怀疑态度，不过近来的学者们认为在《高尔吉亚》前面的一些篇幅中，柏拉图对高尔吉亚的修辞的处理也没什么可挑剔之处。

　　例如，弗里曼（Kathleen Freeman）就认为，"柏拉图归咎于高尔吉亚的有关修辞的看法也许是真的"（*Pre-Socratic*, 366）。同样，欧文（Terence Irwin）和汤普生（Terence Irwin W.H.Thompson）在各自编辑的两个不同版本的柏拉图《高尔吉亚》前言中，都认为智术师高尔吉亚的形象得到了如实再现（represented），高尔吉亚这个历史人物的思想与柏拉图书中的高尔吉亚的思想是契合的。按照欧文的说法，柏拉图试图将高尔吉亚描绘为一个真正言论前后矛盾、形象完整的历史人物，而"照此判断，柏拉图的描绘看来是可信的"（9～10）。汤普生则认为，"在对话中"，柏拉图对待高尔吉亚"充满敬意，而非倨傲无礼"，他认为"如果柏拉图的对话逸失了，而高尔吉亚的著作能够完整流传给我们的话，我们有足够理由怀疑，高尔吉亚的声望会有今日之高"（iv~v）。巴里利（Renato Barilli）说，在《高尔吉亚》中，高尔吉亚这位来自莱昂蒂尼的智术师受到了尊敬和公正的对待，"柏拉图巧妙地阐释了《高尔吉亚》一书中智术师们的观点……"（30）勒夫（Michael C. Leff）认为，《高尔吉亚》"敏锐地找到了智术师修辞的本质特征，清晰地认识到了这些特征对柏拉图笔下的哲学事业所造成的威胁。饶有讽刺意味的是，这是重构古代智术师思想最好的可资利用的原始材料"（Modern，36）。克拉克（Donald Clark）也认为，"在将修辞研究的这种褊狭性和局限性归咎于高尔吉亚这一点上，柏拉图倒并非有欠公允"（28）。伯内特（John Burnet）也坚持认为，"引入虚构人物不是柏拉图的行事风格"（121）。最后，菲尔德（G.C.Filed）的意见也许最为幼稚轻率，他说，"因为这场对话是真实存在的，所以《高尔吉亚》中的观点代表了人们各自的真实观点。（xii）"不幸的是，对柏拉图关于高尔吉亚学说所持的这种态度，特别是关于其逻各斯技艺所持有的这种态度，造成了今天的人对高尔吉亚及其修辞技艺（rhetorical technê）的看法苍白而贫乏。①

　　本章要进行的是我所谓的历史阐释。我所赞成的是与柏拉图的看法大相径庭的高尔吉亚的修辞概念。当我们不借助柏拉图的对话，而是对现存高尔吉亚的文本进行详细考察时，我们在那些以前被认为完全充满矛盾和欺骗性的地方，发现了理论上的连贯性和实践上的有效性。现存文本表明，高尔吉亚的知识论是相对

---

　　① 欲进一步了解对这些文本的讨论，可参泰勒（Maureen Talyor）和夏帕的《柏拉图对莱昂蒂尼的高尔吉亚的刻画准确吗？》（How Accurate is Plato's Portrayal of Gorgias of Leootini?）一文。

主义的，其相应修辞方法的作用是抓住适当的时机（*kairos*），在这时机中可以运用某些语言，来把主观意识与一种群体性的行动欲望结合起来。高尔吉亚基于时机的修辞方法，要求的是一个相对主义的知识论，一种允许通过多数人的一致同意来决定共同性真理的知识论。由于当一个人拥有真理时任何时间都是"恰当的时间"，因此在一种基础主义的知识论里，时机（*kairos*）不能作为一种修辞方法论的基础。然而在《高尔吉亚》中，柏拉图歪曲了高尔吉亚这位来自莱昂蒂尼的智术师，认为他拥有一种基础主义的知识论，同时又保留了高尔吉亚的受时机左右的方法论，由此使这位智术师看上去便自相矛盾，荒唐可笑。

本章的目的便在于揭示柏拉图错误再现高尔吉亚背后的动机和方法。首先，我将探讨大致在《高尔吉亚》成书之时，柏拉图的作者、听众关系与雅典公民之间的关系，同时揭示某些导致柏拉图歪曲智术师高尔吉亚之知识论的经济、政治及社会方面的现实需要。最后，我将分析柏拉图歪曲智术师高尔吉亚所运用的方法，通过参阅现存的高尔吉亚文本，来为高尔吉亚一辩，驳斥柏拉图对修辞的批评。

历史情境

柏拉图写《高尔吉亚》的时候，雅典民主还处于不稳定的状态。多兹（E.R.Dodds）令人信服地将《高尔吉亚》的创作时间确定在公元前387年左右（*Plato*, 24）——仅仅在400人暴政的24年之后和三十人暴政的17年之后。苏格拉底两个最有作为的学生阿尔喀比亚德和克里蒂亚在伯罗奔尼撒战争势头渐衰的几年里，领导了最终带来血腥寡头暴政的革命，他们的反民主行径在很大程度上导致了雅典人最后将他们的导师苏格拉底判处了死刑。[①]

按照修昔底德的说法，公元前411年阿尔喀比亚德说服很多已有厌战情绪的雅典军队，说自己能够在雅典与他们的斯巴达敌人之间达成一份和平协议（修昔底德的说法值得怀疑，因为就在7年前，阿尔喀比亚德在破坏雅典与斯巴达的停战协议中起了关键作用）。然而，阿尔喀比亚德的和平协议需包含一个必要条件，那就是，雅典需将其民主政府改建成由400人统治的寡头制（8.45～49）。在四百寡头上台后不久，不出意料，阿尔喀比亚德与斯巴达媾和的企图就失败了（8.70～71）。由于敢说敢言的民主派内部意见分歧日增，寡头们开始处死敢于抨击政府的人（8.72～73）。由于最终看穿了阿尔喀比亚德为攫取权力采取的欺诈行为，加之他与斯巴达媾和失败，为掌握权力而手段残忍，雅典公民重振民主情绪，愤而推翻了阿尔喀比亚德及其寡头同伙。血腥的寡头制寿终正寝了，雅典重回民主（8.74～81）。

公元前404年由苏格拉底的学生克里蒂亚领导的三十僭主制，比起400寡头的暴政，其血腥有过之而无不及。按色诺芬的叙述，克里蒂亚在接收了几支支持他的斯巴达新联盟军队后，他和其他寡头便建立了一个由30名统治者（再加上21位经济顾问）和3000公民组成的政府，此外其他雅典居民则无权享受任何法律上的权利。那些不在3051位公民之列、不受寡头政府律法保护的雅典中产阶级和社会下层居民，常常会遭遇两种命运：许多人的财产被没收，另外的人则因公开反对三十僭主而被杀害（*Hellenica*，2.3.11～21）

在剥夺雅典中产阶级和社会下层居民的法律权利之后，克里

　　[①]　尽管在本章我将民主制和寡头制对立起来（我更倾向多数人的统治），但我们必须记住的是，公元前5世纪的雅典民主绝不是一个理想的政体。事实上，民主制下的雅典允许制度化的奴隶制存在，妇女无权获得公民身份，在公共事务上妇女并无投票权。然而，若考虑到公元前5世纪期间雅典寡头政府统治者的残暴，就可以明白为何当时多数雅典公民都倾向于民主制。

蒂亚和三十僭主中其他人着手将梭伦为雅典民主制定的模棱两可
的法律明确化（Krentz，62），而模棱两可的法律要求的是熟虑
审慎，这种熟虑审慎能够赋予那些拥有修辞技能的人以能力，
让他们战胜那些只拥有财富或高贵出身的人。事实上，克里蒂亚
对民众掌握高超的修辞技能存有很大戒心，因此他制定了一条法
律，严禁传授*logôn technê*，即话语技艺（色诺芬，《回忆苏格
拉底》，1.2.31）。①

三十僭主的寡头制强行确立之后几个月，特拉绪马科斯
（Thrasybulus）与其他约70位流亡的雅典民主派朝雅典挺进，尽
管面对三十僭主的斯巴达军队，还是将其击败，结果三十僭主中
很多人，包括克里蒂亚，都在战争中被杀。雅典再次回到民主统
治之下（*Hellenica* 2.4.2～43）。

从公元前404年起，在民主制下的雅典，人们对寡头制观念
持谨慎态度，特别是在苏格拉底被米利图斯（Miletus）以腐化
青年的罪名处死之时。实际上，即使在审判过程中米利图斯也
提到了两个残忍的寡头阿尔喀比亚德和克里蒂亚，认为他俩是
受到腐化的青年中最为突出的（色诺芬，《回忆苏格拉底》，
1.2.9～12）。苏格拉底喝下毒芹而死之后，柏拉图这位无疑是苏

---

① 由于长达27年的伯罗奔尼撒战争已经让民主制下的雅典公民对修辞技能产生
了尊崇之心，再加上很多智术师从其他民主城邦来到雅典，尤其是向那些准备从事政
治和法律职业的人传授修辞技艺，因此，这条律令并不受欢迎。韩蒙德认为：

一个民主国家处于战争状态时，演说术就变得非常重要，因为要讨论更重要的问
题，同时需要更能鼓舞人心的领导阶层。当时的雅典情况更是如此。由于参与大众集
会上的人不仅要决议政策，还要审查行政官员，因此，一个没有口才的政客说话就缺
乏说服力，也就无法逃脱责难。西蒙（Cimon）和伯里克利（Pericles）两人都是演说
大师，都有家训传统，但是从伯罗奔尼撒战争初期，演说术就渐渐变成了可以出售的
技艺，可以出售给很多未来想要从政或从事法律的人（advocates）……在民主城邦西
西里，科拉克斯（Corax）是将演说术作为技艺进行研究的始作俑者，其学生提西阿斯
（Tisias）和高尔吉亚在公元前427年作为雷昂底恩城出使雅典的使团成员时，已经是
这门技能声名显赫的代表。他们的雄辩让雅典人惊叹不已……在德尔菲和奥林匹亚
举行的有奖演说比赛上，高尔吉亚的声名传遍了整个希腊。（420）

格拉底最出名的学生，便开始偏爱寡头制而质疑民主制，抨击修辞术及其教师。

柏拉图渴望在雅典建立寡头统治，这取决于他的基础主义的知识论。只有那些拥有财富和高贵出身的人才有机会获取真正的知识，而那些生下来就具备这些条件且为数不多的人，才能位列于唯一合法的少数哲人统治者之中。另一方面，许多智术师却对当时现实情况下的雅典民主制青睐有加，他们对民主的渴望基于其相对主义知识论。这些持相对主义观念的智术师相信，知识是不稳定的，法律和政策（nomoi）产生于商讨之中。对这些智术师中的很多人，特别是对高尔吉亚来说，意见具有群体性（communal），并受语言（logos）制约。由此，修辞为掌控意见提供了必要工具，进而使任何人都能在民主社会中有效地发挥作用。有些智术师甚至声称，所有人都可以学会通过与人协作来统治城邦（polis），高贵的出身和良好的经济地位是无关紧要的。

柏拉图肯定曾心系公元前387年能读到其《高尔吉亚》的那些雅典读者。在柏拉图创作该对话时，大多数雅典公民是反寡头制的，他们对苏格拉底的学生阿尔喀比亚德和克里蒂亚的痛苦记忆犹新。在当时，倘若柏拉图将高尔吉亚的理念以其真实面目示人，那么相信几乎没有哪个看过《高尔吉亚》的雅典读者会得出倾向于柏拉图的判断。因此，为了说服那些老是充满敌意的雅典民主派，把他们（从修辞术）拉到哲学这一边来，柏拉图就将高尔吉亚的技艺（technê）描述成仿佛产生于一种以信服超语言的先验真理和确切知识为基础主义知识论，而先验真理和确切知识这两者，是高尔吉亚会断然否定的东西。正像我想阐明的，柏拉图在《高尔吉亚》中的目的，是要将高尔吉亚这位来自莱昂蒂尼的智术师，描绘成一个持基础主义知识论的修辞家，这样，高尔吉亚受时机（kairos）支配的技艺尽管在民主制下很有效力，却会显得荒唐可笑。

拆解柏拉图的批评

与高尔吉亚进行了一番辩证法式的交流之后，苏格拉底在向波卢斯（Polus）说的话中提出了三个基本论断：（1）修辞不是一种技艺（*technê*），因为它是非理性的（*alogon*）（《高尔吉亚》，464e～465a）；（2）修辞是谄媚性的（*kolakeia*），因为其目的是为了引出快乐（*terpsis*），而不是关心至善（*beltistos*）（465a）；（3）修辞是一种经验（knack）（*tribê*），因为它无法阐明其本身的方法或者方法产生的原因（*aitiai*）（465a）。通过三个论断，苏格拉底为修辞在人的生活中安排了一个可怜的位置，修辞之于灵魂犹如烹饪之于身体。为了证明其三个论断的合理性，苏格拉底必须诱使高尔吉亚接受三个不同的二元对立：（1）知识（*epistêmê*或*mathêsis*）与意见（*doxa*或*pistis*）的对立；（2）教导（*didachê*）与说服（*peithô*）的对立；（3）在技艺的定义中语言（*logos*）与内容（*pragma*）的对立。尽管柏拉图笔下的高尔吉亚欣然接受苏格拉底的一切论断，但是，细读高尔吉亚的现存文本可以看出，断言高尔吉亚这位智术师会认同苏格拉底对修辞提出的这些看法，或他为这些看法所设置的任何一个二元对立，都是荒唐无稽的。①

苏格拉底有关修辞的第一个论断——由于修辞是非理性的，所以它并非技艺——若放在这篇对话的语境中是有道理的，因为柏拉图笔下的高尔吉亚认同知识与意见的二元对立。柏拉图能达到宣称修辞为非理性这一目的的唯一途径，就是让高尔吉亚承

---

① *epistêmê*是已获得的知识，*mathêsis*则是获取知识的过程。*pistis*是成功说服所导致的信念（belief）状态或论证状态，*doxa*则是一种意见，判断的建立以其为基础。*pistis*和*doxa*都可以译为"意见"，但是*pistis*这个词所指的意见是说服的结果，而*doxa*所指的意见则是判断的催化剂。

认存在着一种所谓的"理性（the rational）"概念。对柏拉图来说，理性乃基于关于亘古不变的真理的某种知识，理性针对的是一种永恒的形象或形式（image or form），只有通过否定性的辩证法才能被发现，而一个论证是理性还是非理性的，可以通过这种比较来确定。按柏拉图的说法，纯粹的信念是无法建基在亘古不变的真理上的（否则信念就成了知识），因此，当意见与任何相关的永恒形象或形式相比较的时候，意见就被证明是非理性的，与绝对真理和纯粹知识相矛盾。柏拉图在《高尔吉亚》中写道：

> 苏格拉底：存在着某种你称之为"知道了"的状态吗？
> 高尔吉亚：存在。
> 苏格拉底：存在着某种"相信了"的事情吗？
> 高尔吉亚：存在。
> 苏格拉底：那么，你认为"知道了"与"相信了"，或者说知识（*mathêsis*）与信念（*pistis*），二者是一回事，还是有所不同？
> 高尔吉亚：我认为它们是不同的，苏格拉底。（《高尔吉亚》，454c～454d）

柏拉图笔下的高尔吉亚同意知识（理性）与意见（非理性）同时存在。当苏格拉底问他修辞对听众有何种效果时，高尔吉亚依然无法忘怀对这一点的认同：他承认，自己的技艺只能产生出信念，而不能提供关于对与错的知识（454d～454e）。因此，柏拉图笔下的高尔吉亚得以让苏格拉底宣称，高尔吉亚的修辞是非理性的，它指向的不是一个亘古不变的真理标准，因此它并无资格作为一种技艺。

但是，对于智术师高尔吉亚来说，不可能存在什么理性或非理性的论证，因为人类所有的信念和交流情境，都与某种特定的或正确的时机相关联，照高尔吉亚的说法，仅凭知识，任何给定情境的时机（kairos）是无法获得的。高尔吉亚在《海伦颂》中写道：

> 要是所有人在所有方面都记住了过去、把握了现在、预知到将来，那么语言（logos）的功用就不会那么大了（也就是说，语言作为一种不精确的媒介物的功用就不会那么大了）；但是，实际情况是，记住过去、感知现在和预见未来都是很困难的，所以大多数人都在大多数事上将意见（doxa）当成是对他们灵魂（psuchê）的忠告。（B11.11）①

对高尔吉亚来说，对过去、现在和将来拥有完美知识是不可能的。因此，既然于理性取决于对某种完美知识的指涉以判断这种知识的合法性，那么，从柏拉图意义上的理解一词来看，就没有哪个论证可以是全然理性的。在《时机的统治：论发明意志》（Kaironomia：On the Will-to-Invent）一书中，怀特（Eric Charles White）也将高尔吉亚对柏拉图式理性主义的否定，与智术师对时机（kairos）的信念关联起来：

> 对高尔吉亚而言，时机（kairos）代表的是一个极端的场合性（occasionality）原则，它暗含着关于语言意义生成这样一种观念，即这是一个不断朝向当下场合（occasion）调整并创造当下场合的过程，或者说是一个不断阐释的过程，在此过程中，说话人试图将给定的"文本"向其自己的目的扭转，同时说话人的文本也反过来通过围绕这一文本的

_____

① 在整个这一章中，我提到"智术师高尔吉亚"时都指的是作为历史人物的高尔吉亚，但我提到"柏拉图笔下的高尔吉亚"时，则强调柏拉图对话中的这个人物。

语境而得到"阐释"。意义对场合的这种从属性产生了这样的看法，即一个言说的真实性是内在的，并非先于该言说本身的情境。换言之，一段演说的说服力与先前存在的实在或真理无关。真理与说话人和当下的语境相关。没有哪一个标准或原则能够一劳永逸地建立和定向知识的行进过程。真理的说服力必须在每一个场合得到更新，因此，它不可能成为一种例行常规的技能（routine accomplishment）。（14~15）

　　如此一来，在一种由时机支配的修辞技艺中，我们必然要讲述并坚持一种相对主义的知识论，因为要是事物的真相已外在于修辞情境而存在，那就没有必要调整自己的修辞去顺应某一语境了。

　　高尔吉亚的相对主义知识论，使得他所持的纯粹知识不存在、没有logos是完全理性的这一观点具有了合理性。对高尔吉亚关于知识论上的不稳定性的著名命题，塞克斯都·恩皮里柯（Sextus Empiricus）做了这样的总结：

　　　　在题为《论非存在》或《论自然》的论文中，高尔吉亚提出了三个顺次关联的论点：首先，无物存在（exists）；其次，即使存在物（existence）存在，人也无法把握它；第三，即使存在物是可以把握的，它也肯定无法被传达和阐释给他人。（B3. 65）

　　这种知识论是高尔吉亚相信感官知觉的歪曲过程的基础，它使得苏格拉底的知识与意见的二元对立对智术师高尔吉亚来说变得无法接受了。在《论非存在》中，高尔吉亚经常提到"真实存在的事物"（ta onta），或可感知物，这表明，他相信外在于人的阐释的实在（reality）是存在的。然而，正是人与这些实在的知觉交互过程，否定了柏拉图意义上的确定知识（以及理性）存在的可能性。高尔吉亚写道："要是被思考的事物不存在的话，那存在物就没有被思考。"（B3.77）因此，"存在物不是被思考或被感知的"（B3.82）。人只能就事物进行相关的思考，而不能思考事物本身。因此，某一真实事物一旦被人感知到，它就不再是真正地存在了，从而被感知到的事物的存在本质也就被扭曲了。高尔吉亚认为人类的感知行为扭曲了实在的观点，使他否定了纯粹知识和非时间性的理性思维的可能性。柏拉图式的理性思维要依赖指向某种外部实在或永恒真理的能力，这样它才能理性地向前发展。然而，对高尔吉亚来说，由于外部可感知物在人的感官知觉过程中不断受到扭曲，人的思维根本不可能被认为是"理性的"。

不过，高尔吉亚的确明显相信某些"知识"和"真理"概念的存在，相信在某些情况下"意见"是不充分的，这使事情变得更复杂了。事实上，高尔吉亚在《帕拉墨德斯之辩》和《海伦颂》中都使用了alêtheia这个术语（柏拉图也用这同一个词来意指"真理"）。特别是在《帕拉墨德斯之辩》中，高尔吉亚将"真理"（alêtheia）与"知识"（他使用了eidô一词的各种语法形式来指"知识"）和"意见"（doxa）对立起来。在高尔吉亚的《帕拉墨德斯之辩》中，头号主人公帕拉墨德斯辩解道，奥德修斯错误地指控他犯了叛国罪，然后他继续说道：

> 因此，显而易见，你根本不知道（oistha，eidô的另一形式）要控告我犯了什么罪。由此可知，你拥有的不是知识（eidota），只是意见（doxadzein）。这样，轻率鲁莽至极的人啊，你相信意见（doxêi），相信最不值得相信的事，难道你不知道（eidôs）这一真理（alêtheian）：你是在轻率鲁莽地判处一个人死刑吗？……当然，所有的人对所有的事都是有不同意见（doxasai）的，在这方面你并不比别人

更有智慧。但是，相信拥有意见（*doxadzousi*）的人而非那些知道（*eidosin*）的人，这是不对的；认为意见（*doxan*）比真理（*alêtheias*）更可信，而非真理（*alêtheian*）比意见（*doxês*）更可信，也是不对的。（B11a.24）

柏拉图和高尔吉亚似乎都对知识这个词偏爱有加，因此，如果我们仅仅依赖英语翻译，这一段无疑很难辨析。然而在希腊语中，高尔吉亚用以表示知识（*eidô*）的词与柏拉图表示知识（*epistêmê*）的词显然不一样，而在英语中，用knowledge一个词就可以了。一方面，柏拉图的术语*epistêmê*意为可能被运用到某一特定情境之前业已存在的理解力。另一方面，高尔吉亚的术语*eidô*，暗指从经验上源于某一情境的"理解"，该词的词源与视觉有关。因此，柏拉图指的是某种先验知识（*epistêmê*），是与其基础主义知识论的必要条件相吻合的知识，而高尔吉亚指的是经验知识（*eidô*），是与其相对主义知识论的必要条件相吻合的知识。对高尔吉亚来说，在公共修辞的情境下，通过群体性话语从经验上获得的知识，比起纯粹主观意见更为可靠。笔者在下一章将详细阐述，高尔吉亚的真理观念也是就特别的文化语境而言的，因此它与高尔吉亚的相对主义知识论相互吻合。

苏格拉底的基础主义知识论包含了对亘古不变真理的了解，而高尔吉亚的相对主义知识论却没有。如果柏拉图真的准确呈现了高尔吉亚的知识论的话，那么公元前4世纪的雅典公民大多会倾向于高尔吉亚的论点，因为民主取决于改变他人意见的能力，取决于允许自己的意见被改变的意愿。对于雅典公民而言，承认（只有通过柏拉图式的否定性辩证法方可获得的）完美知识的可能性，就是要他们否定自己的民主权力结构的有效性。因此，为赢得其反寡头制的雅典听众的认同，柏拉图歪曲了高尔吉亚的知识论。柏拉图笔下的高尔吉亚，先是承认了具有基础主义知识论的人才认可的知识和理性思维的可能性，然后又承认，他自己的修辞观念在听众中产生的仅仅是（与知识相对的）意见。这样，柏拉图就塑造了一个拥有基础主义知识论但又受时机支配的方法论的高尔吉亚，使高尔吉亚显得不仅缺乏理性，而且荒唐可笑。

苏格拉底关于修辞的第二大论断，即因为修辞之目的是为了引出快乐，与至善无涉，故而修辞即谄媚的论断，若放在这篇对话的语境中，也是合乎情理的，因为柏拉图笔下的高尔吉亚认同教导与说服的二元对立。既然柏拉图的高尔吉亚已经承认知识（理性）与意见（非理性）的存在，那么，顺理成章的是，也就一定存在着产生知识的教导与产生信念的说服。在柏拉图的《高尔吉亚》中，这位来自莱昂蒂尼的智术师说，修辞学家"在大众面前"比专家更能说服人。然后，苏格拉底回答道："当然啦，是在无知者之间更能说服人，在那些有知者之间，修辞学家就不会（比专家）更能让人信服了。"柏拉图笔下的高尔吉亚同意，演说家缺乏专家所拥有的真正的知识，由此，柏拉图笔下的高尔吉亚肯定也就会同意苏格拉底的这一论断了，即"无知者（修辞学家）在无知者（大众）中比专家更令人信服"（459a～459b）。由于柏拉图笔下的高尔吉亚不幸认同这一看法，于是，苏格拉底认为高尔吉亚只是说服而非教导的这一说法便具有特别意义了。柏拉图写道：

26

> 苏格拉底：那么，很显然，修辞是信念的创造者，在关于对与错的问题上，它是说服性而非教导性的。
> 高尔吉亚：对。
> 苏格拉底：那么修辞学家在何为对与错的问题上，不能教导法庭上的人和其他集会上的人，而只能说服他们。
> （《高尔吉亚》，455a）

苏格拉底认为，既然知道正义真相的人绝对不会做出不义的事，那么，知道永恒不变的真理（至善），就是否定性辩证法教导的目标（460b~460c）。因此，柏拉图想让我们相信的是，苏格拉底驱使听众采取行动的技艺是哲学性的（而非修辞性的），它是纯粹知识（而非群体意见）直接导致的结果。

显然，如果我们接受了柏拉图的这个定义，就不能把高尔吉亚的修辞方法叫作教导，因为教导的前提条件是纯粹知识；而正如我们已经看到的，智术师高尔吉亚拒绝承认绝对知识这一概念，相反，他明确表达，自己相信的是相对主义的、受历史时刻所支配的群体性真理。对智术师高尔吉亚而言，任何对语言（*logos*）的使用在本质上都是有问题的，它消除了在普遍真理中的教导的可能性。在《论非存在》中，高尔吉亚写道：

> 语言（*logos*）是我们交流的手段，但它与物质和存在物是不同的。因此，我们与他人交流的并非存在物，而是语言（*logos*）——某种并非物质的东西。（B3.84）

换句话说，即使外在于语境的真理是存在的，即使人能感知到它，但使用语言来传达真理的内容，甚至通过辩证法的教导来运用语言传达真理的内容，将会造成某种程度上的交流的不确定性。在《帕拉墨德斯之辩》中，高尔吉亚通过帕拉墨德斯的话强调了他的这一语言观：

27

> 如果通过论证（*dia tôn logôn*）能澄清行为的真相（*alêtheian*），（并）使听者得到清楚的印象，那么判决是很容易下的。如果不是这样，你们可以把我监禁起来，慎重商讨，然后按照真相（*alêtheian*）再来做出判决。（B11a.35）

　　此处高尔吉亚（通过帕拉墨德斯之口）承认语言的不稳定性，他恳请陪审团慎重考虑久一些，作为一个群体（community）来讨论，最后通过深思熟虑的话语给予决断。柏拉图的"教导"是不可能的，如果"教导"是可能的话，法庭和政治家就根本没有必要存在。

　　但笔者亦以为，如果说服性话语是在个人意见范畴进行的，而不一定是在群体性真理范畴进行的，那么高尔吉亚的方法就不能称为说服。高尔吉亚经常谈到说服的否定性影响，事实上，《海伦颂》写的全是关于说服（如神的说服、暴力说服，以及充满欲望的说服）的否定性效果，语言（*logos*）不过是有潜在否定性用途的说服力量罢了，关于这些，我将在下一章详细阐述。高尔吉亚写道："许多人编造错误的论点，说服过并还在继续说服其他很多人相信许多事情。"（B11.11）但是，高尔吉亚辩解道，正因为语言是不稳定的，修辞教师就无法超乎一切推理（*logismon*）之外随意运用语言的说服力去欺骗听众。同样是在《海伦颂》中，高尔吉亚宣称，"说真话和拒绝（说假话）是同一个人（指高尔吉亚）应该做的两个方面"（B11.2）。高尔吉亚借用《帕拉墨德斯之辩》中的头号主人公说道："对于你们这些人来说，凭朋友的帮助、悲伤的祈祷和呼请怜悯来说服你们是不对的，但对我来说，正确的做法是，说出真相而非欺骗，通过最清白的正义手段来洗脱指控。"（B11.a33）然而，我们必须牢记于心的是，何为"正确的"和"真实的"，何为"错误的"和"欺骗性的"，全由（诗歌和修辞）有关海伦和她被诱拐到特洛伊、有关帕拉墨德斯和奥德修斯指控他犯了叛国罪的话语内容决定。正如怀特所展示的，对于高尔吉亚来说，推理和真理都跟某一特定的修辞语境的历史（无论真实的还是想象的）情势（exigencies）有关，高尔吉亚关于推理和真理的论断完全是语境性的。如果说，说服的目的是为了一些人的利益而改变人们的想法，那么高尔吉亚就没有从事说服，相反，他从事的是修辞。

28 我想论证的是，与柏拉图想让我们相信的相反，高尔吉亚的修辞所关注的就是至善（greatest good），但是，这是共同体（community）的善。高尔吉亚同时也关注的，是通过情感（尽管不全是令人愉悦的情感）话语来达成这种共同体的至善。高尔吉亚激发听众采取行动的技艺（technê）是审美性的，它利用了听众对当前修辞语景的情感反应。在特定情况下的相对语境中展示理性和真理是重要的，但是，对语言加以修辞性运用来激发出听众的某种情感反应，也同样重要。按照西格尔（Charles P.Segal）的说法，高尔吉亚的修辞是两个步骤组成的过程，在此过程中，terpsis（快乐）———一种对刺激做出的被动性、审美性、感觉性的反应，导向并必然领先于anankê（必然性）———那种激发听众采取预期身体行动的基于灵魂的积极力量（106~107）。首先，在terpsis（快乐）中，实在是通过阐释性的感觉机能（如logos或opsis）而被感知的。logos（语言）涉及用于阐释语言信号的听觉官能，opsis（场景，外观，面貌）则涉及用于阐释颜色和形状的视觉官能。人的感官对现实的感知在各种感觉机能上产生了审美上的不和谐（tarachê）。在高尔吉亚的修辞中，这种审美上的不和谐必须先于积极的第二步骤必然（anankê）发生。感官上的不和谐（tarachê）直接转移到灵魂（psuchê）上，使灵魂也体验到不和谐。这种灵魂的不和谐使人立即受制于激发起听众采取预期身体行动的情感反应（106~107）。因此，柏拉图认为高尔吉亚修辞的目的是引起观众的愉悦，这一断言在某种程度上是正确的。高尔吉亚的技艺是审美性的，引起愉悦是此技艺的一个方面，但主要目的还是观众所想要的行动，只有通过在观众身上引起一种初始的、审美性反应并超越这种反应，这种想要的行动才能得以实现。

对于高尔吉亚来说，人的感官知觉的本质特征及其对交流的影响，使得一种审美性技艺成为必要。对柏拉图笔下的苏格拉底而言，永恒不变的真理及其对否定性辩证法教导的影响，使得一种基于知识的技艺成为必要。但是，公元前4世纪聆听《高尔吉亚》的大多数雅典听众都支持民主，他们坚信语言（*logos*）的力量。柏拉图为达到至善而使用的技艺是基础主义式的，只有身处柏拉图的寡头制社会和政治结构中的少数哲人统治者，才有能力获得这种技艺。如果柏拉图是基于感觉器官的歪曲性过程对人类交流的影响来呈现高尔吉亚的审美性技艺，那么，公元前4世纪的雅典听众在评判高尔吉亚与苏格拉底的争辩时，有可能会倾向于高尔吉亚。柏拉图知道，最好的办法就是避免这种否定性反应，因此，他再次错误地将高尔吉亚再现为一个持有基础主义知 ₂₉ 识论的人。由于柏拉图笔下的高尔吉亚认同教导和说服同时并存，他也就必然会认同永恒不变的真理的存在。因此，从柏拉图笔下的高尔吉亚所持的本质主义（essentialist）视角来看，以审美反应为重心的修辞方法，实在是荒唐无稽。

既然高尔吉亚认同技艺定义中语言与内容的二元对立，那么，苏格拉底关于修辞的第三个论断，即因为修辞无法阐明其本身的方法或者方法产生的原因（*aitiai*），所以修辞仅仅是一种经验（*tribê*）这一论断，若放在这篇对话的语境中，也是合理的。对柏拉图来说，所有技艺都由超语言的内容与语言这二者所构成，其中，后者通过先验的规则和技巧来传达前者。柏拉图的高尔吉亚同意修辞的效果是通过语言（*logos*）来获得的，但是他同时断言，修辞的内容（*pragma*）有二：（1）语词，或者*logoi*（449d）；（2）人类事务最伟大和最高贵的东西（451d）。高尔吉亚向苏格拉底解释说，种种技艺的内容（如医学、体育训练、绘画、雕塑等）而非修辞，才"关涉到手工技能"，而修辞"不涉及这样的手工产品，其所有活动和成果都通过语词（*logoi*）这一媒介"（450b～450c）。因此，修辞的内容不仅仅是可以描述的身体活动，它还涉及对语言的适时运用，这种对语言的适时运用正是修辞技艺内容的必要成分。

然而，柏拉图笔下的高尔吉亚在表明了自己的立场后不久，这位来自莱昂蒂尼的智术师便以柏拉图所特有的方式接受了苏格拉底的断言，那就是，技艺必须包含超语言的内容，以及传达这一内容的语言（453a～455a）。由于苏格拉底已经诱使高尔吉亚承认他自己的修辞方法内容里包含有语言（logos），那么，他就有可能合情合理地否认技艺对高尔吉亚的修辞来说的重要地位。在柏拉图的技艺概念中，由于技艺的内容不能阐明自身，语言就被用来作为阐明技艺内容的方法，以及使技艺履行其功能的原因。在柏拉图的《斐德若》中，苏格拉底和他的学生下了一个结论，说成功的修辞（哲学性修辞）的前提，是对当前的主题有绝对的知识（260a）。苏格拉底告诫斐德若说，如果他忽视哲学，那么他在任何主题上都永远成不了称职的演说家，因为，他将缺乏发现关于主题的真理的手段（261a）。对真理的透彻研究使修辞在柏拉图那儿得到了合理化，但是像智术师修辞那样的对语言本身的研究，则注定了语言（logos）的技艺只能在doxa，即意见层面上起作用。在《高尔吉亚》中，由于柏拉图笔下这位来自莱昂蒂尼的智术师把语言置于其修辞技艺的内容之中，而内容是无法阐明自身的，所以，修辞的方法及其成因必然是无法知道和无法交流的。然而，只有在技艺的定义中接受语言与内容的二元对立时，这样的论点才具有合理性。跟往常一样，柏拉图笔下的高尔吉亚欣然同意这种二元对立。

然而，智术师高尔吉亚不会认同这种技艺定义中语言与内容的对立。他相信，语言既可以是内容的一部分，也可以是技艺的阐释方法（articulatory method）的一部分。据西格尔的说法，智术师高尔吉亚的技艺的内容有二：（1）语言（logos）的形式方面；（2）语言形式对人的感官和灵魂的影响（106～128）。

对高尔吉亚而言，语言是作为一种系统而存在的，一种在情境或需要出现之时可供使用的系统，此时，某些形式技巧能够运用在语言上，以在听众身上获得所期望的效果。例如，在《海伦颂》中，高尔吉亚暗示，为了证明海伦的批评者是错误的，为了揭示事情的真相，他将不得不赋予他的语言以某种推理性能力（reasoning）（*logismon*）。换句话说，仅语言本身是无法满足这种特殊修辞情境的要求的，必须赋予语言以推理能力方可。照高尔吉亚的观点，诗歌不仅仅是语言，而且是有韵律的语言，当语言被当作神圣的咒语来吟唱时，词语就会变得非常强大（B11.10）。高尔吉亚同时暗示，说服（*peithô*）在形塑语言时，也"按照自己的意愿来形塑思维"，因此，为了理解说服与语言结合时的力量，一个人必须学习天文学家、公共辩论者和哲人的话语（discourses）（B11.13）。这种双重视角（一方面语言作为一种系统或*logos*的视角，另一方面为*logos*加上某些东西如理性、韵律、吟唱、说服等的视角），使得高尔吉亚根据修辞技巧在语言中的实际运用情况来对其进行研究，同时也使得他为每一特定的修辞情境选择了恰当的技巧。

此外，由于高尔吉亚的知识论是相对主义的，并受时机的支配，因此他的技艺是经验性的（empirical）。由于在任何两种时机性的情境（kairotic situation）下，任何语言在审美和形式两方面都不会有效，高尔吉亚的技艺就涉及在每一特定交流情境中从经验上检验和实施在此特定时间与地点上最有效的修辞选择。这样，高尔吉亚式的演说家就需要了解在任何时机性情况下所有不同的修辞技能，并能将其运用到任何语言上。在高尔吉亚的修辞中，造成听觉的不和谐（*tarachê*）状态，并将这种不和谐状态传达到灵魂（*psuchê*）上的是语言的形式方面。因此，高尔吉亚修辞技艺的第二个方面，就是分析了解存在着的不同类型的灵魂，从经验上检验在每一个时机性情境下，哪些语言的格律才是最有

31

效的。这样，高尔吉亚的经验性技艺所采用的方法和成因，就只能在时机性的语境里得以阐明，但是，这些方法，正如柏拉图期望的那样，并不适用于非历史性的情境。

在第二章，笔者将详细讨论《帕拉墨德斯之辩》在高尔吉亚对他的修辞方法及成因进行的阐释中所起的作用，然而，由于这一点与笔者眼下的讨论有所关联，因此，笔者在此先简单谈一谈第二章的讨论内容。在《帕拉墨德斯之辩》中，高尔吉亚从或然性（probability）角度阐释了特定的修辞情境（此处指奥德修斯宣称帕拉墨德斯犯了叛国罪）对伦理性的论证发明（invention of arguments）的影响，而且，这些论证被划分为若干部分，阐明了发明（inventing）论证的各种话题（topoi）：第一部分，探究过去、现在和将来的可能性；第二部分，描述说话人的性格；第三部分，把对情感的伦理用法限制在法庭辩辞上。这样，我们从古代残篇本身看出，尽管基于时机的某种修辞具有不确定性，但高尔吉亚还是能够阐明具体的修辞方法，只要这些方法是针对某一修辞情境的特定情况来阐明的。

总之，柏拉图之所以能够宣称修辞之于灵魂犹如烹饪之于身体，是通过这样三个论断：（1）高尔吉亚的修辞是非理性的；（2）高尔吉亚的修辞只关心快乐；（3）高尔吉亚的修辞无法阐明本身使用的方法及方法的成因。柏拉图将上述论点建立在他的主角高尔吉亚对三个不同的二元对立的认同之上：知识与意见的对立，教导与说服的对立，在技艺的定义中语言与内容的对立。然而，如果运用历史阐释作为方法准则，通过对现存高尔吉亚文本的仔细研究，可以明显看出，智术师高尔吉亚不可能接受苏格拉底关于修辞的三论断中的任何一个，因为，他的相对主义知识论无法支持与这些论断相应的三个二元对立。

否定技艺（technê）对于高尔吉亚的语言（logos）概念的重要地位，便贬抑了作为雅典民主制之主要载体的修辞，同时也就强化了与修辞相对应的否定性辩证法，这个公元前411至前404年的寡头制权力结构的主要载体。这样，由于柏拉图《高尔吉亚》的听众大多具有民主取向，因此，为了缓解预期中对此文本的敌对性，进而使高尔吉亚的修辞看上去荒唐可笑，柏拉图便错误地再现了高尔吉亚的知识论。

第二章

高尔吉亚与修辞技艺

在本章，我将继续讨论对高尔吉亚修辞技艺的历史阐释，我会撇开柏拉图的各种错误说法，对高尔吉亚现存的三个主要文本进行详细的整体性解读。在此，我要论证的是，《论非存在》《海伦颂》《帕拉墨德斯之辩》这三个文本并非如大家所臆断的那样是迥然不同或互相矛盾的叙述，反之，它们可以被当成错综复杂、相互关联且内部一致的东西来解读，它们促成了一种新兴的修辞理论和修辞技艺（technê）的形成。当然，我们不能认为高尔吉亚是怀着整体性修辞观来创作这些文本的，但是对《论非存在》《海伦颂》《帕拉墨德斯之辩》的重构和阐释，确实有助于我们当前对高尔吉亚新兴的理论和技艺的理解。简言之，《论非存在》描述了外部特定的非技巧性实在（atechnical reality）（ta onta）对人的灵魂的影响，《海伦颂》探讨了说服技艺的非伦理性运作对人的灵魂的影响，而《帕拉墨德斯之辩》则展示了用来发明论证以促使出席法庭诉讼的听众采取伦理行动的修辞话题（topoi）。高尔吉亚主要的现存文本是被当成一个整体性论断来重构的，它们对语言象征符号的社会本质进行了理论化，并探讨了在伦理和非伦理目的上语言象征符号的技艺性用途。正如对现存文本的整体性阐释所揭示的，高尔吉亚更喜欢的是来自伦理性论证的话题发明（topical invention），而非来自错误论证、未经证实的意见，以及故意欺骗的变戏法般的发明（magical invention）。

认为高尔吉亚的修辞是非技艺性（inartistic）的批评观点，几乎与高尔吉亚的文本一样古老。在《高尔吉亚》中，柏拉图——可能在高尔吉亚依然在世并授徒于雅典时他就创作了其早期的一些对话——认为修辞不是技艺，而仅仅是某种虚假的技艺，最多不过是一种谄媚的形式。在《斐德若》中柏拉图也解释说，智术师的修辞是非理性的，因而也是非技艺性的，因为它不是建基于通过哲学辩证法原则得以发现的真理之上。按柏拉图的说法，没有哪项活动是技艺性的，除非这项活动是建立在一个通过辩证法式的追问而得以发现的普遍知识的基础之上。正是由于那些宣称自己在传授和从事修辞技艺的人"对辩证法一无所知"，因此，他们无法正确地界定修辞，结果就使得他们在想象中认为，通过拥有必要的前提性知识（antecedent learning）他们就发现了技艺本身（269b）。但是，如果我们接受柏拉图关于哲学与修辞的划分，接受他的一切技艺都基于绝对真理的这个断言，就不可能存在修辞技艺或其他什么技艺，除了通过辩证法不费力气地编造为柏拉图学园进行的有利可图的宣传。

尽管柏拉图将修辞这门虚假的技艺与辩证法这门真实的技艺对立起来，但是亚里士多德却将修辞描述为辩证法的对应物（antistrophos）（该词一般意为"对应物"，但是更准确的译法是"关联物"或"对等物"）。肯尼迪认为，在《修辞学》的开篇第一句中，亚里士多德就驳斥了柏拉图在《高尔吉亚》（28～29）中对修辞与辩证法（哲学）的反对意见，亚里士多德至少在一定程度上转向了智术师修辞的理论方向。亚里士多德认为，在大多数情况下真理比或然性好，高尔吉亚在《海伦颂》和《帕拉墨德斯之辩》中也下过这种论断，但即便如此，在某些人类经验领域里，真理还是并非一直都参与其中。在《修辞学》中亚里士多德认为，所有的人类行为、修辞商议（deliberation）和判断方面的问题，都是以或然性而非真理为基础的（1.2.14）。例如，政治学要求将城邦的社会需要作为内部和外部特定经济、政治和文化情况的相应反应，而去进行协作式的探究。司法程序要求依照社会制定的带有相应惩罚条款的法律，对相应的人类行为的正义或不义性质，进行协作性的探究。政治学和法律都立根于社会的相关习俗（nomoi），习俗则建基于作为或然性的群体性真理，而非建基于普遍性真理，因此，政治制度和司法制度行为所需要的，是一门从或然性（修辞）而非从普遍真理（哲学）获取其力量的技艺。由于在作重要决定时，需要表达清楚多重视角和涉及每一视角优劣之处的批判性辩论，因此，以修辞为一门或然性 34 技艺的实践，为民主制度和司法制度提供了支持。

　　高尔吉亚在《论非存在》里表达的怀疑主义存在论和相对主义知识论，否定了普遍真理的可能性；即便真理以某种方式存在，高尔吉亚还是认为，它是外在于人的知识领域的。与之相反，高尔吉亚提供了一种新兴的社会建构主义语言观，按照这种语言观，被感知到的实在（ta pragmata）决定关于世界的陈述（logoi）的产生。这样做的结果，使得前苏格拉底派的哲学方法，成了从属于语言学习和语言运用的智识活动。如果像高尔吉亚和亚里士多德两人都认为的那样，即使普遍真理在引导某些人类事物中无足轻重，但还是存在着消除无政府状态的规约性原则（例如语言的各种伦理性用途）的话，那么这些原则必然是建立在或然性的基础上的。然而，正如高尔吉亚在《海伦颂》中所说明的，问题在于，语言作为说服（peithô）的手段，不仅可以产生作为或然性的群体性真理，而且能够在修辞听众的灵魂中导致对意见的欺骗。不过，作为或然性的群体性真理在行使其功能的过程中，当语言被用于伦理性目的时，它便可以帮助真诚的演说家为那些行为正义的人进行辩护，同时也可以控告那些行为不义的人。在《帕拉墨德斯之辩》中，高尔吉亚为基于或然性的逻辑性、伦理性、情感性论证，提供了种种技艺性的话题（artistic *topoi*）。

将高尔吉亚这些文本视为前后连贯的整体，可以使我们超越柏拉图对高尔吉亚修辞技艺的阐释局限，这种对高尔吉亚三文本进行的整体性研究路径，也使我们可以更全面地理解使得比如语言这样一种力量服务于经济、社会和政治目的的各种方式，而对于公元前5世纪的雅典民主政治之成败来说，这些经济、社会和政治目的都至关重要。

《论非存在》：一种修辞性的存在论和知识论

《论非存在》详细阐述了三点：第一，人类掌控之外的外部实在（*ta onta*）在存在论层面上的不确定性；第二，这些外部实在如其所是地对人的灵魂的影响；第三，语言运用于外部实在时，其成问题的指称功能。这三个论点分别和高尔吉亚著名的三难困境（trilemma）中的三个命题（无物存在；即使存在物存在人也无法把握；即使存在物可以把握也肯定无法传达和阐释给他人）是相互关联的（B3.65）。在其所有现存三个主要文本中，高尔吉亚自始至终呈现了一种需要非本质主义存在论的语言概念，而《论非存在》中的修辞性任务，正是要阐明这种非本质主义的存在论，它与由前苏格拉底哲人所理论化的那种本质主义存在论正相对立。具体而言，为了建立一种语言的技艺，并使之享有成为合法研究对象的地位，高尔吉亚首先必须证明，实在（以在宇宙中控制流变、统一差异的第一实体和基础原则的形式出现）对人之灵魂的影响，并不如前苏格拉底时期的前辈们所认为的那么大。

按照高尔吉亚的观点，"无物（以本质方式）存在"（ouden estin），也就是说，既不是作为"存在物"（to on）也不是作为"非存在物"（to mê on）而存在。到公元前六世纪晚期，术语ta onta（意为"现存事物"或"实在"，是单数名词to on的复数形式）已经获得了某种哲学意义，并成了前苏格拉底时期有关存在与非存在、一与多的激烈辩论的主题。在讨论其三难困境中的第一个命题时，高尔吉亚给出了两个深刻的插话：首先，他既反对将外部实在视为存在，也反对将其视为不存在（B3.66~72），原因在于，这两种外部实在概念都要求一种本质主义的、总体化的存在论，况且，将存在与非存在混在一起也是一种毫无意义的自相矛盾（B3.75~76）；其次，高尔吉亚反对将宇宙视为通过内省而发现的单一（ben）实体，也反对将宇宙视为多个（polla）微粒，这些微粒之间的相互作用需要一种总体化理论来统一（B3.73~74）；最后，高尔吉亚总结道："如果非存在物不存在，存在物也不存在，存在物与非存在物也不同时并存，如果除了以上这些，没有什么是可以想象得到的，那么，无物存在。"（B3.76）无物存在（存在物不存在，非存在物不存在，存在物与非存在物亦同时存在；"一"不存在，"多"也不存在），也就是说，按照前苏格拉底哲人所讨论的方式，作为本质主义的、整体化的实体——用来解释被去除了神话的、处于原初书写文化时期的公元前五世纪的希腊世界——来说，无物是存在的。高尔吉亚显然是一位存在论上的怀疑主义者，但并非像人们经常认为的那样，他并非是一位知识论上的怀疑主义者（此处特别参看Hays、Crowley、Guthrie，194~200，及Kerferd，93~99）。

高尔吉亚是一位知识论上的相对主义者，在对其三难困境中的第二和第三命题的讨论中，与其怀疑主义存在论相一致的相对主义知识观，是显而易见的。在第二个命题"即使存在物存在，人类也无法认识和理解它"（B3.77）中，高尔吉亚以其怀疑主义存在论为参照，为相对主义知识论辩护，并将二者所关涉的事物融合在一起：如果灵魂之外的事物不存在，高尔吉亚认为，那么就可以肯定地说，它们也不存在于灵魂之内（B3.77）。换句话说，在我们的灵魂中，我们不可能"知道"外部实在，因为外部实在是外在于我们的灵魂而存在的（如果它们真的存在的话）。如果一个事物是白色的，我们不可能知道作为事物特性的白色的存在；白色变成了其他东西，在向思维状态转化的过程中，白色成了这个事物的白色属性在头脑中的再现（representation）（B3.77）。然后，高尔吉亚将感知转移之流颠倒了过来："如果被思考的存在物存在的话，那么所有被思考的存在物，不论按照何人所认为的何种方式，都是存在的，这当然是荒谬无稽的。"因为根据高尔吉亚的观点，"如果有人想到一个飞人或一辆在水下奔驰的四轮马车，那么并不是真有一个人在飞，真有一辆马车在奔驰"（B3.79）。因此，我们通过思维活动所构想出的东西和"存在"于灵魂之外的事物并非一回事。

在其三难困境下的第三个命题"即使存在物可以理解，它也肯定无法传达和阐释给他人"中，高尔吉亚继续讨论在语言中再现（representing）可能"存在"的事物（*ta onta*）这个难题，亦即是否有物存在的问题。在这里，高尔吉亚认为，外部实在是外在的，通过人的眼睛和耳朵被感知后，这些外部实在就变成了迥异于自身的东西，因此，我们谈论实在时所表达的并非是实在本身，而是对这些实在的一种再现，即某种语言，"语言是我们交流的手段，但它与物质和存在物是不同的。因此，我们和他人交流的并非存在物，而是语言——某种并非物质的东西"（B3.84）。将语言从它所代表的特定事物中分离出来，是对口头文化和原初书写文化的一次根本性背离。因此，当高尔吉亚说"我们和他人交流的并非存在物，而是语言——某种并非物质的东西"（B3.84）时，实际上，他正在对前苏格拉底时期通行的自然哲人和形而上哲人的研究对象和研究方法，发起一场毁灭性打击。而且，这一手段对高尔吉亚教授修辞技艺来说是绝对必要的，因为，如果像许多前苏格拉底哲人认为的那样，语言是以一一对应的方式重现（re-present，不加改变地重新呈现）实在的话，那么，最有利的探究路线就是通过经验性或内省性的哲学去发现那些实在的真正本质，这样一来，企图理解重现实在的语言（*logoi*）就意味着追逐一种离开了实在的骗人事物（artifice）。因此，在前苏格拉底哲学的语境下，高尔吉亚如果想将修辞这一智识活动合法化，就必须创造一种能将语言与实在（*ta onta*）分离开来的元语言，而这正是《论非存在》的作用。

　　尽管高尔吉亚不相信百分之百的重现，但他的确也必须承认，"存在"能产生语言（*logoi*），或产生关于存在的表达。《论非存在》B3.85中的措辞可谓意味深长，因为这部分措辞不再使用"存在物"（*to on*）这一哲学术语来表达外部实在，而是使用了*to pragma*，*to pragma*不仅意味着外部实在（这是该术语最具体的意义），而且意味着日常的群体生活中，我们无法直接控制的、制约着我们社会品性的那些行为和环境。高尔吉亚指代外部实在时，使用了*to pragma*[该词意为"行为"或"行动"，是*praxis*（实践）一词的具体名词形式，*praxis*意为"行动"，常用于从政治到商业再到军事和诗学等的各种社会语境中]这一术语，该术语指的是一种产生社会语言学语词（*logoi*）的力量。高尔吉亚用*to pragma*这个词语来指代外部实在，也许是早期希腊对新生的社会建构主义语言观一个明确表达。直至在《论非存在》B3.85这一段，高尔吉亚论及"实在"时，都用的是*ta onta*这一带有概念意义的哲学术语，然而，当其讨论转向语言（*logoi*）的生成问题时，高尔吉亚就不再对概念性实

37

在感兴趣了，因为概念性的实在只会生成概念性的语言。就像公元前5世纪大多数希腊智术师［特别是普罗塔戈拉和《双重论证》（*Dialexeis*）的匿名作者］一样，高尔吉亚知道，语言拥有一个群体性基础，他也知道，群体性实在（*ta pragmata*，而非*ta onta*）能产生出在社会层面上相互关联的话语来。作为出使雅典的西西里政治使团的成员（Enos 1～12），高尔吉亚肯定留心过希腊全境不同的经济、政治、社会和文化实在，并观察到这些不同实在如何产生了希腊日常生活具体语境中的不同风格的论辩。

质疑了本质主义的前苏格拉底语言概念之后，高尔吉亚通过颠倒感知转移之流，将再现问题扩大化了。他暗示，如果再现是一种社会政治行为的话，那么"语言就不是对外部（*to ektos*）的再现，而是外部成了语言的能指（signifier）（*mênutikon*）"（B3.85）。这一段可谓意义非凡，它颠覆了先前的自然哲学和形而上哲学，暗示实在（此段中写为*to ektos*，指外部的实在）代表语言；换句话说，实在并非最有利可图的智识追求，因为它一度和语言是分离的。这样的修辞策略，对于高尔吉亚赋予作为技艺和合法智识追求的语言以重要地位的行为，具有重要意义，原因在于，如果自然哲人认为，由于语言研究仅有的指涉功能就在于描述那种以本质方式存在的事物，因而语言研究（本身）就没有价值的话，那么，高尔吉亚必须转变这种再现观，并且证明实在所履行的只是揭示性语言（revealing *logos*）的指示功能（referential function）。这样一来，修辞技艺就可以得到研究了，也成了有利可图的研究对象，它既是一种自在而且自为的话语（discourse in and of itself），具有高尔吉亚在《论非存在》B3.83处所建立的那种语言的元语言功能，同时，它也是一种所指，而揭示它的是其物质性的能指，是高尔吉亚在《论非存在》B3.85处所建立的那种语言的反向指示功能。高尔吉亚还进一步暗示，仅仅将修辞作为元语言来研究是不够的，我们还必须理解它具体应用于社会语境下的种种效果，这样，我们能够返回 *logos*（语言）来解读意义，通过批判性了解语言在日常生活的公共世界中的实际效果，把语言理解为一种所指。

《海伦颂》：论说服（*peithô*）的否定性运用

《论非存在》本身并非探讨语言的论文，更谈不上是一篇修辞理论著作，相反，该文本取消了关于人类促使他人采取行动的各种方法（包括通过语言的力量）的一般理论的存在论和知识论基础，取消了那些凡人无法掌控的实在以及实在对人的影响构成的基础。在《海伦颂》和《帕拉墨德斯之辩》中，高尔吉亚继续进行这一任务：在《海伦颂》里他着重描述作为说服（*peithô*）的修辞的否定性用途，在《帕拉墨德斯之辩》中，他则描述了作为发明伦理性论证之工具的修辞的正面用途。

特意将语言与真理（*alêtheia*）联系起来的《海伦颂》的开篇第一段，就提出了高尔吉亚在现存文本中是否表现出真心诚意和前后一致性的问题，因为《论非存在》中的怀疑主义和相对主义看上去与高尔吉亚在《海伦颂》中对真理的渴求并不一致。《海伦颂》首句写道："城邦的善在于其荣誉，身体的善在于其美丽，灵魂的善在于其智慧，行动的善在于其美德，语言的善在于其真理（*alêtheia*）。与这些相反的东西都是羞耻的事。"（B11.1）事实上，如果不对各种高尔吉亚文本进行整体性阅读的话，该段就存在很大的问题，问题大到多数学者（如波拉克斯等）要么全盘忽视这一段，要么就像科尔（Thomas Cole）那样，低估这一段的价值，说它是该文本"多半不相关的一个引子"而已（76）。然而，我们必须记住的是，直到柏拉图的时代，*alêtheia*这个术语才衍生出"真理"这个哲学意义。在前苏格拉底和智术师时期的大多数用法中，*alêtheia*只不过指的是言辞的真诚并且和*pseudê*（谎言）相对。对高尔吉亚而言，*alêtheia*指的是一种绝非*pseudê*（谎言）的相对真理，并且，随着情境的变化，决定陈述（statements）是否是真理的标准也会随之改变。对于高尔吉亚文本的整体性阅读来说，《海伦颂》的这一段落至关重要，因为它强调了这一解释，即作为一篇论文，《海伦颂》论述的是作为说服之修辞的否定性用法[但许多学者如巴克斯顿（Buxton）、柯文诺（Covino）、海斯（Hays）、波拉克斯、罗森梅耶（Rosenmeyer）等并不认同这一点]，因为当语言不再建立于群体性真理的基础上时，对此语言的运用就可能会缺乏伦理性，而这正是高尔吉亚在《帕拉墨德斯之辩》中要明确批判的问题。

　　高尔吉亚在《论非存在》中讨论了外部不可控实在对人类灵魂的影响，并在《海伦颂》的开篇就建立起了其修辞技艺的立足之本——情境性真理的相对主义基础，然后，在《海伦颂》中他继续探讨某些——尤其是在人类控制力范围之内的——说服因素。这些因素是暴力（*bia*）、语言（*logos*）和身体性诱惑（*eros*）。对高尔吉亚来说，将说服的这三个因素描述为人可控制的因素，严重背离了将神秘力量神化的史诗冲动。例如，赫西俄德（Hesiod）在《劳作与时日》中，就将*Peithô*（说服）、*Bia*（暴力）、*Logos*（语言）和*Eros*（爱欲）列为宇宙谱系中的诸神。在《论非存在》中，高尔吉亚的任务是建立一种元语言的可能性，并将语言置于智识追求的中心，而在《海伦颂》中，他的任务至少有一部分是将说服（*Peithô*）带入人类控制之域，因为没有什么技艺（*technai*）力量是为神性的宿命所控制的，高尔吉亚必须通过揭示说服（依靠人类可控的暴力、语言和身体吸引力）对人类灵魂产生的种种作用进而非神秘化这些作用，来完成这一目标。

　　在简短的一段赞美海伦神圣的诞生（海伦是莉达和宙斯之

女）和天仙般的美貌之后，高尔吉亚接着阐述了四个理由，认为海伦不能因被诱拐到特洛伊而受到责备："海伦之所为（*epraxen ha epraxen*），要么是因为命运的意志、诸神的预谋、必然的法令，要么是被暴力挟持，要么是被言辞说服，要么是被爱欲引诱。"（B116）一方为命运、神和必然性（Necessity），另一方为暴力、语言和诱惑，两方面之间的句法性断裂（*epraxen ha epraxen*）颇有意义，因为前者受神性宿命所控制，后者受人的预谋或"技艺"所制约。如果按照高尔吉亚的说法，造成海伦离开斯巴达的是诸如命运、神和必然性等力量的话，那海伦就不应该受到责备，"因为人的预谋（*anthrôpinêi promêthiai*）是无力阻挡神的意志（*theou prothumian*）的"。但是，即便是暴力、语言和爱欲导致了海伦被拐，她也不应受到责备。这里，*theou prothumian*（神的意志）与*anthrôpinêi promêthiai*（人的预谋）之间的区别至关重要，因为它使人联想起埃斯库罗斯的《被缚的普罗米修斯》，暗示了高尔吉亚将（靠暴力、语言和身体性诱惑实现的）说服视为技艺的可能性——尽管在人类学习到的其他技艺中，作为掌控自己所处严酷世界的手段的说服，是一种否定性的技艺。

在《被缚的普罗米修斯》中，赫菲斯托斯（Hephaestus）奉宙斯之命，为惩罚普罗米修斯为人类盗取火种，将其缚在世界之边的一块岩石上。宙斯在实验中创造了人类，但是他对自己创造的结果不甚满意，因此他想让人类在自然世界的严酷物质条件之中死去，在人类不可避免地死亡之后，他就可以创造另外一个更好的生命种类。但是，普罗米修斯却从宙斯处盗取了火种，通过火，人类学会了控制那个自己被宙斯打入其中的残酷世界的各种技艺。现在宙斯已经无法毁灭人类了，他对普罗米修斯盗取技艺——给人类盗来火种并教他们使用——的报复就是，将普罗米修斯缚在岩石上，让恶鹰永远啄食他的肝脏。普罗米修斯这样解释道：

　　　　且听人类所受的苦难，且听他们先前多么愚蠢，我怎样使他们变聪明，使他们有理智。我说这话，并不是责备人类忘恩负义，只不过表明一下我厚赐他们的那番好意。他们先前视而不见，听而不闻；好像梦中的形影，一生做事七颠八倒；不知道建筑向阳的砖屋，不知道用木材盖屋顶，而是像一群小蚂蚁，住在地底下不见阳光的洞里。他们不知道凭可靠的征象来认识冬日、开花的春季和结果的夏天；做事全没个准则；后来，我才教他们观察那不易辨认的星象的升沉。我为他们发明了数学——最高的科学，还创造了字母的组合（*grammatôn suntheseis*，更准确的说法是"书写"）来记载一切事情，那是缪斯的母亲，她精于工艺。（第441~461行）*

　　普罗米修斯接着详细描述了通过盗取来的火让人类获得的其他技艺：驯服野兽、造船航海、配制药物、占卜吉凶、标示星星、发现矿物，等等（第462~506行）。在谈到自己在发展人类技艺中所起的作用时，普罗米修斯用下列简短的陈述总结了这段话语："人类的一切技艺都是普罗米修斯传授的。"（第506行）

　　如果说在《海伦颂》B11.6处，高尔吉亚是在唤起人们对普罗米修斯神话的记忆（笔者也认为他确是在这样做），那么，他对术语*anthrôpinêi promêthiai*（人的预谋）的运用，会同样唤起他用以代表人类的technai或技艺一词。换句话说，高尔吉亚使用术语promêthiai来表示人类控制的先见（将技艺运用至预测到了但又不甚了解的情况上时预先布置的行动计划），以此同神性的宿命形成对照。而在说服的运作过程中，最强大的人类技艺，在

---

　　*　［译按］参看《罗念生全集》（第二卷），上海人民出版社，2007年第1版，第109页，译文稍有改动。

高尔吉亚看来，便是暴力、语言和爱欲。

　　首先，高尔吉亚认为，影响听众的灵魂、激起听众采取行动的一个途径，就是通过身体性力量，"如果海伦是被暴力劫持，受到非法诱拐和不义的侵犯，那么，显然，是强暴者不义地强暴了她，她这位被强暴者，因受侵害而遭受了不幸"（B11.7）。尽管笔者对于公元前5世纪是否存在一种强暴"技艺"持怀疑态度，然而，可以肯定的是，战争的技艺是存在的，包括通过暴力手段来克服虽有预测但不甚明了的情况的预谋和策略。在当时，没有哪个公民在战争的技艺方面比政治上和社会上的贵族阶级更准备有素。诱拐海伦的亚历山大（或称帕里斯）是特洛伊王普里阿摩（Priam）之子，由此可以肯定，他必然（在这一神话语境中）受过大量某种正式的技艺训练，而这一技艺在需要身体力量和暴力的小规模冲突情况下能有效增强他的自然力量。暴力在古代战争中的作用至少由两方面组成。其一，体操训练，包括摔跤和拳击，增强了作为一种潜在的暴力的裸体的力量，因为，正如杜克雷（Pierre Ducrey）所指出的，"田径被认为是战争的基本训练"（67）。其二，通过如假体般的力量延伸，武器强化了身体的有效力量。因此，正如高尔吉亚指出的那样，当身体的暴力被一个在暴力的技艺上受过训练的人作为说服手段加诸于海伦身上时，我们便不能责备海伦屈服于身体的暴力（或潜在的身体暴力），因为身体力量对身体及灵魂的影响可能是难以抗拒的。

　　在《海伦颂》的后面部分，高尔吉亚涉及到了感动海伦的灵魂以及促使她被无可指责地诱拐到特洛伊的身体性诱惑（physical attraction）（*eros*）的能量。① 在这里，就像他在《论

---

　　① 大多数《海伦颂》译本将*eros*译为"爱情"，但很明显在这一部分，高尔吉亚谈论的仅仅是作为欲望对象的外表之美罢了。爱与海伦被诱拐毫无任何关系，因为在那种情况下*eros*的情绪是可以你情我愿地相互进行交换的，而非外部强加、非海伦所能抗拒的。

42　非存在》中的三难困境中第二个论断里所言一样，高尔吉亚论调
一转，认为视觉所见之物对人的灵魂有很大影响，若不是对亚
历山大身体（*sôma*）的爱欲动摇了海伦的灵魂并使其受诱拐，
那么，毫无疑问，海伦不应受到责备，因为依靠身体性诱惑手
段的说服，其能量之大，非海伦之意志所能抗拒。荷马用了几
个修饰语来描述亚历山大，其中一个常用的穿针引线的词就是
aristos（意为"最高贵的容貌"），而在这些用法中，*aristos*强
调的是亚历山大那与他内在品格截然不同的令人愉悦的外貌（参
《伊利亚特》卷三）。亚历山大的*aristos*（最高贵的容貌）驱使
海伦突然产生了非理性的欲望。根据高尔吉亚的观点，身体性诱
惑源自靠视觉手段的身体之美给人的灵魂留下的感官印象（参
B11.16～18）。

　　正如格罗斯（Nicholas Gross）所指出的，高尔吉亚《海伦
颂》中关于身体性诱惑的那一段，源自出现在荷马之前、将说服
与身体性诱惑联结起来的古老史诗传统（15～19）。但较之于早
期史诗诗人的修辞目的，高尔吉亚心中的修辞目的则更为具体：
很明显，高尔吉亚本段的着眼点是视觉形式（*to sôma*，身体，
常与灵魂对立），一种一旦运用到诱拐海伦的亚历山大身上来描
述其外貌时，就会与古代的技艺——身体训练和体操联系起来的
视觉形式。正如笔者所述，在该神话故事语境中，特洛伊王子亚
历山大肯定接受过最严格的体操训练，无论是作为正式教育的必
修项目，或是出于军事训练的必要，其结果便是，这种训练增强
了他来自高贵出身的高贵容貌（正如荷马在《伊利亚特》中描述
的那样）；而增强身体的容貌是通过爱欲手段将视觉运用于说服
过程的一个有效手段。

　　《海伦颂》中与高尔吉亚修辞技艺最密切相关的段落是
B11.8～14，在这里，高尔吉亚警告听众要注意语言蒙蔽灵魂的
巨大力量，就这样，他为被诱拐到特洛伊的海伦开脱了苛责。在

这一段，高尔吉亚辩解道，语言有三种方式来蒙蔽人的灵魂和促使人采取所期望的身体行动：其一，通过诗歌或有韵律的语言；其二，通过用语词吟唱出来的神圣预言；其三，通过靠形成错误论证而达成的说服手段。

诗歌，被高尔吉亚称为"带有韵律的语言"，会引发一系列的情感，"观众的灵魂反映他人身体的情况，也反映幸运与不幸的情况，通过语言，它激发了某种特有的情感"（B11.9）。譬如，在以赞美酒神的颂体独白诗和埃斯库罗斯式的独白诗体开头的悲剧诗中，观众看到舞台上上演的是使故事中人物蒙受苦难的事件，然而，观众感觉不到这种苦难，也不能对其完全产生共鸣，直到这种苦难通过韵律体语言才得以强化。由此，诗歌情境是由悲剧事件（实在）组成的，这些悲剧事件向戏剧中的人物揭示了悲惨的语词（*logoi*），而这些戏剧人物通过诗的韵律传达的是悲惨的语词，而非悲惨的实在自身。这种悲剧视觉和韵律之声的双重感官体验打动了观众的灵魂，使其重新体验（而不用首先生活过一次）台上上演的悲剧经历。根据斯坦福（W. B. Standford）的观点，悲剧作家将戏剧中最强烈的情感——悲伤和恐惧——描绘成"在内脏、子宫、肝脏、心脏、腹部、肺部或者头部等部位感觉到的犹如刀刺、虫叮、蚊咬、火烧、或霜冻的东西"（21）。通过夸张的视觉，同时（在高尔吉亚的《海伦颂》这一语境中更重要的是）通过从韵律性、言辞上来再现苦难，悲剧诗人从观众的灵魂本身深处引出这些情感。斯坦福指出，语言韵律对悲剧情感过程至关重要，因为它能进入并影响身体和灵魂的节奏（65～68）。但是，语言本身并非否定性的力量——只有把它与韵律结合在一起，形成迷惑人心的诗句，并被当成一种有操控能力的说服形式使用时，它才会变成否定性的东西。而当语言诱骗观众采取非理性的行动时，它就变成了有操控能力的东西。

按高尔吉亚的说法，神圣的预言就像悲剧一样，也会打动人的灵魂，引起所期望的身体反应：

> 用语词吟唱的神咒，能带来快乐，驱走悲愁，因为神咒和意见融合，运用妖术，说服和改变灵魂。但是发明的这两种技艺——妖术和魔法——却是灵魂的迷误和意见的错误。（《海伦颂》，B11.10）

在这里的论证中，高尔吉亚抨击了古希腊史上的另一重要传统——请示发布神谕的先知。根据多兹的说法，德尔菲神庙的神谕师如皮提亚（Pythia）是由女祭司们来扮演的，这些女祭司往往会进入恍惚状态，让主神（在皮提亚这一情况中，主神是阿波罗）附体，吟唱夸张迷狂的"神启的"谜语，然后这些谜语会被"翻译"成诗体韵律（参见《希腊人的非理性》70～74）。高尔吉亚暗示，这些魔幻般的狂热产生出的语词（logoi），如果放在由被雇来阐释谜语的"有智慧者"所赋予的意义之外，并无实际意义，换句话说，有智慧者阐释这些"魔法般"的预言，是已然
44 存在于他们灵魂中的那些意见（doxa），而非乱七八糟的语词本身固有的意义。然而，造成良心丧失和意见错误的，并不是语词本身，只有当魔法般的语词被当成神性的预言进行咏唱并置于纯粹的主观阐释之下时，它们才能动摇灵魂，让人犯错。高尔吉亚在《论非存在》中说得很清楚，"语言并非外部（to ektos）的再现，相反，外部成了语言的能指（mênutikon）"（B3.85），这样一来，尽管魔法般的预言的外在表现形式是词语，然而，由于它们和外部世界并无联系（它们是"神启的"），它们并不表示意义，而仅仅是"承载欢乐和驱除痛苦"。因此，照高尔吉亚的观点，通过用韵文唱出的神性预言而形成的说服，就是对作为修辞的语言的否定性使用。

　　语言促使灵魂采取行动，最终的办法是通过功能上大多类似于诗和预言的说服。按照高尔吉亚的观点，"很多人靠发明错误的论证，说服了很多人，还在继续说服很多其他的人相信他们所说的很多事"（B11.11）。高尔吉亚认为，如果在所有问题上所有人都能完美地记住过去、意识到当前、预知未来，那么语言将会大大不同。但是，由于人类的记忆和意识有限，预知则仅仅是神的奢侈品，这样，"许多人误将意见当成是对灵魂的忠告，然而，意见是不确定、不可靠的，它使颂扬它的人陷入捉摸不定的失败之中"（B11.11）。按照高尔吉亚的观点，以语言为手段，在灵魂中改变意见，然后诱使人采取所期望的身体行动的说服，使得海伦（她本身并无任何过错）"身不由己地相信了别人所说的话，屈从了别人所做的事"（B11.12），因此，责备必须适得其所，受责备的应该是说服者而非被说服的人。如果回想一下《海伦颂》中高尔吉亚将真理与谎言对立起来的引子部分（B11.1~2），我们就可以看到，对产生错误论证（*pseudê logoi*, false arguments）的语言的任何运用，特别是对说服的运用，都会与高尔吉亚在该文本开初所阐述的修辞伦理相抵牾。

　　在《海伦颂》中，高尔吉亚继续对说服进行批评，他简短地剖析了作为说服的语言的三种成问题的运用情况。"当说服赋予语言以外观形式时，它也会按自己的意愿，赋予灵魂以形式，为了明白这一点，一个人必须学习"天文学、公共论辩和哲学论证等话语。

　　首先，一个人必须仔细研究"天文学家的言语，他们批评一种意见，用另一种意见来替代它，使本来不可信的和看不清的东西，从意见的角度看上去像真的一样"（B11.13）。劳埃德（G.E.R. Lloyd）认为，公元前5世纪的天文学与我们今天所谓的星相学关系非常密切。劳埃德指出，公元2世纪中期的一位天文学家托勒密。

区分了从天体研究中得出的两种预测：一是对天体运动的预测（现代意义的天文学），二是对地球上事件的预测。而且，他明确强调了后一种研究的臆测性和困难，批评了以往和当时某些天文学者言过其实的论断，他将自己的讨论限定在基于各种天体或天体外形的假想性的善行和恶行上的概括归纳之内。天与地之间有联系（*sumpatheia*，相同之感情），这可以首先由季节和潮汐这类无可争议的例子得到佐证，基于这一理念，星相学（同医学一样）经常受到人们的辩护。人们对星相学的辩护，主要是从他们所看到的星相学产生的结果来辩护的，当然，如同从医学产生的结果来对医学进行辩护一样，对这些结果的评价中，包含有相当大的不确定性。（43~44）

托勒密所说的从前从事天文学的人，在古希腊史上大概可以远溯至赫西俄德。公元前5世纪那些以祭司身份从事天象占卜的人，受到了尊崇并且经常受邀"阐释"神谕之谜。但是，天文与星相预测的不确定性，在那些同高尔吉亚一样通过语言的运用寻求确定性真理的人中间引起了怀疑。

我们必须研究的第二种说服性言语，是"以理性话语为基础的公共论辩，在这种话语中，一种用技艺写成但并非是诚恳说出的言辞，能愉悦并说服一大群人"（B11.13）。公元前6到前5世纪，公共论辩和修辞（演说）竞赛很常见，高尔吉亚常常受邀参加这些活动。智术师之间的演说竞赛，其修辞目的并不一定是鼓励政治或伦理行动，而是取悦观众，博取掌声，赢得掌声后就可以赢得法官的亲睐。实际上，尽管这些参与公共演说比赛的人，大多身为传授和从事最具技能性的技艺（如医学、数学等）的智

术师，但其修辞目的，并非总是为了向感兴趣的观众传达学科知

识，而是为了愉悦外行的民众。但是，因为有些参与竞赛的演说者具有不凡的精神气质（*ethos*）和高超的技艺，有时候他们可能说服外行的观众，使这些观众相信他们原本作为娱乐使用的语词（*logoi*）实际上是真的。

高尔吉亚认为，需要学习的第三种说服性言语，是"哲人论证上的冲突，由于论证的证明和判断具有迅即性，使得人们容易改变自己对意见的取信"（B11.13）。此处高尔吉亚可能说的是公元前五六世纪自然哲学迅猛发展一事，在此期间，自然哲人们的推测轻率而随意，甚至自相矛盾，引人质疑。正如哈夫洛克（Eric Havelock）在《前苏格拉底哲人的语言任务》一文中指出的，荷马之后的几个世纪，从口头到（不管何种程度的）文字书写的过渡，导致希腊语的特性发生了急剧变化，这种变化又引起了古希腊人宇宙阐释方法的变化。数百年间，希腊的知识人从对宇宙的神话化转向对宇宙的理论思考，这一理论思考转向产生了种种有关宇宙、宗教和人类现状的起源与本质的不同观点。

说服的这三种语境——天文学、公共论辩和哲学论证——均表明语言具有感动灵魂、促使观众采取行动的巨大力量。对这些话语中的语言的力量，高尔吉亚是这样论述的：

> 语言的力量对于灵魂性情的影响，犹如开出的药物对于身体自然状况的影响一样。不同的药物分泌出不同的体液，有些可以治病，有些可以致死，语言亦如此，有些话使人悲伤，有些话使人快乐，有些话使人产生恐惧，有些话使听者产生不惭的勇气，还有些话用邪恶的说服去麻醉和迷惑灵魂。（B11.14）

按照高尔吉亚的观点，天文学、公共论辩和哲学论证方面的话语，是通过对观众灵魂中的意见产生虚假的感染力来说服观众的，因而，在公元前5世纪雅典民主政治的语境下，这些说服方式是对语言的蹩脚运用，因为民主只有在真诚和群体性价值的基础上才能进行下去，而天文学家、公共演说家和哲人们，他们既不具备真诚，也不具有群体性的价值观念。然而，正如药物对人 47 的身体有积极效果一样，语言对人也有积极的一面。语言中的这些对真诚和群体性价值的民主性要求，正是高尔吉亚在《帕拉墨德斯之辩》中为他的修辞技艺所建立起来的。

《帕拉墨德斯之辩》：高尔吉亚的修辞技艺

尽管该文本中的叙述者帕拉墨德斯是神话人物，但是，高尔吉亚对神话人物的选择本身就表明，他想将修辞发明（rhetorical invention）当成修辞技艺，正如高尔吉亚告诉我们的，据说，帕拉墨德斯发明了护身盔甲，制定了成文法，发明了文字，统一了度量衡和数字（B11a.30），使希腊及其公民受益匪浅。在《帕拉墨德斯之辩》的开篇，在简短介绍了奥德修斯指控帕拉墨德斯犯了叛国罪的神话修辞语境之后，高尔吉亚紧接着（通过帕拉墨德斯之口）明确表达了他对司法案例中论证发明（invention of arguments）的关注：

> 因为没有证据支持的指控在法庭上会引起混乱。鉴于当前（由于奥德修斯毫无根据的指控所造成）的混乱，我当然无话可说了，除非我能从真理（alêtheia）本身和当前的必然性（anankê）里发明（invent）（mathô）一些辩词。（B11a.4）

按照高尔吉亚的观点，演说者面对毫无根据的指控时，他必须在相对一致的真理和每个独特修辞情境不断变化的可变因素的交叉点上，发明（invent）出一个辩词。在《帕拉墨德斯之辩》中，高尔吉亚暗示，涉及荣辱方面的论据一定不能带有意见的性质，而要带有真理再结合于当前必要性（*anagkê*）的特性。因此，在高尔吉亚的修辞技艺中，论证的发明起着主要作用。随着《帕拉墨德斯之辩》文本的展开，高尔吉亚举例说明了从或然性（*eikos*）中发明逻辑论证、伦理论证、（如果有必要的话）情感论证的话题性方法。尽管这些话题是在帕拉墨德斯神话的叙事语境中呈现出来的，但是，在许多方面，他们与亚里士多德在《修辞学》中所描述的、目的是为从或然性（*eikos*）来发明逻辑、伦理及情感性论证的话题（*topoi*）是相似的。①

　　一个世纪以后，高尔吉亚在《帕拉墨德斯之辩》中所展示的许多来自动机及能力方面之或然性的逻辑论证话题，在亚里士多德的《修辞学》中，是以关于过去事实论证的法庭性话题（forensic *topoi*）的面貌出现的。根据亚里士多德的说法：

　　　　某个行动是否发生，应该基于以下（话题）来考虑：　48
　　第一，如果天生就不太可能发生的事情最后发生了，那么
　　更有可能发生的就应该已经发生了。如果经常发生的事在
　　其他事之后发生了，那先在的事物也就已经发生了……
　　（2.19.16～17）

　　在《帕拉墨德斯之辩》中，高尔吉亚举例说明了与亚里士多德所说的话题相似的发明性话题，并且暗示，要犯叛国罪，需要

————————

①　我之所以拿亚里士多德《修辞学》中的*topoi*（话题）和高尔吉亚《帕拉墨德斯之辩》中的*topoi*进行比较，目的有二：首先，想说明高尔吉亚的公元前5世纪的文本包含有与后来的修辞论著相同的某些"专业"特征，因此这一文本应该被视为修辞技艺的一部分；其次，意欲说明亚里士多德对修辞发明（rhetorical invention）的讨论也许对当时古希腊的听众来说并非新奇之事。我们太爱把一种原创性作用归给亚里士多德了，但他实际上只不过是对业已存在了几个世纪的那些修辞策略进行总结罢了。

一系列可能发生的事件为前提：言语或讨论中假定行为发生的根源，通过誓言、人质或金钱交换而给予保证，以及在卫兵或忠诚公民未察觉的情况下最终投敌成功。高尔吉亚为每一种必要条件都提供了一系列发明性话题（topoi，字面意义为场所），从这些不同的话题中，可以发明（invent）（*mathein*）出从犯罪能力的或然性上得出来的论据。比如说，叛国必须要通过语言来发生，但帕拉墨德斯除了希腊语外其他语言都不会说，因此他犯叛国罪的或然性就不存在（B11a.6~7）。高尔吉亚进一步暗示，倘若帕拉墨德斯犯了叛国罪并进行了金钱交换，极有可能别人会察觉到他带着异邦人给的贿赂重新进入了奥德修斯的军营。既然没有人察觉有类似事情发生，那么犯叛国罪就是根本不可能的。

接下来，亚里士多德继续探讨逻辑论辩中的发明行为背后的动机，他说道：

> 又假如一个人曾经有能力和意愿（去做某件事情），那他就已经做过了，因为所有人在能做并且想做某事的时候都会见诸行动。此外，假如一个人曾经想做又没有任何来自外部的阻拦，假如一个人曾经能做而且又在盛怒之下，假如一个人曾经能做而又跃跃欲试，他就已经做了；因为在大多数情况下，人们只要能够，就会做他们所欲求的事情，坏人这样做是出于放纵，而贤人这样做是出于对好事物的欲求。又，假如某事情曾经即将发生，一个人曾经要做这件事情，那这件事就发生了，因为人们很可能做他们即将要做的事情。（2.19.18~21）

在《帕拉墨德斯之辩》中，高尔吉亚举例说明了从动机的或然性中发明论证的各种发明性话题，而这些话题在很多方面都与亚里士多德所说的话题很相似。按照高尔吉亚的观点，叛

国的动机需要有潜在的好处，如社会地位、财富、荣誉、安全　49
性等，但是帕拉墨德斯犯叛国罪却不会有任何好处。比如，高
尔吉亚暗示，即使"没有任何来自外部的阻拦"，帕拉墨德斯
也不会有叛国动机，因为，没有哪个希腊人希望在连对希腊叛
国者都持不信任态度（B11a.13～14）的外邦人中拥有社会权力
（B11a.13）。还有，虽然叛国的动机可能是获取金钱，但帕拉
墨德斯根本不需要金钱。有时候人行事的动机，是源于对荣誉的
渴望，但帕拉墨德斯指出，背叛朋友和家人不会给人带来荣誉
（B11a.16～18）。亚里士多德的逻辑话题与高尔吉亚的逻辑话题
唯一明显的不同之处就在于，亚里士多德的话题是非语境性的，
而高尔吉亚将他的话题置于帕拉墨德斯神话的叙事语境之中。

　　凭借或然性手段从逻辑上论证了帕拉墨德斯既无叛国
的能力，亦无叛国的动机后，高尔吉亚就从语言转向性情
（*ethos*），用几乎与亚里士多德一样的方式，举例说明有关控
告者和被控告者品性（character）的论证发明的各种话题：①

　　　　既然修辞术以判断为目的……那么演说者不仅需要考虑
　　论据，以便于使其演说能具有证明和说服的力量，（演说
　　者）还须表现自身作为某类人所具有的某种特性，并为判断
　　而准备。（《修辞学》，2.1.2）

---

　　①　在公元前5世纪雅典的公共生活语境下，伦理上的感染力无疑是修辞成功
的关键。如戴维斯（J.K.Davies）在《民主与古典时期的希腊》中指出的："然而，
没有哪个公共人士，无论他多么的正直诚实，可以用上述风格和方式去呈现他的公共
言说，进而避免去运用能够轻易用到的（修辞）技能，有意识地树立起自己的人格形
象；没有哪一个古希腊的公民大会代表或陪审团成员，无论他多么的愚蠢，能够避免在
各种相互抵触的人格形象中反复做出选择。"（126）按照科尔的观点，伦理考量的缺乏
是智术师运动中"非技艺性"、"原始修辞性"文本的典型特点（73，79）。然而不可
否认的是，在整篇《帕拉墨德斯之辩》中，性情（*ethos*）都是一个非常突出的主题。

　　亚里士多德继续说道："演说者具有说服力的原因有三，这三种素质，无需逻辑证明就能使我们信服。它们分别是实践智慧（phronêsis）、美德（aretê）和善意（good will）（êunoia）。"（2.1.5）至于指控者（在这里指奥德修斯）的品性，高尔吉亚（通过帕拉墨德斯所言）写道："把一个靠卑鄙手段说出这样的话的人看成卑鄙的人，是正确而恰当的。"（B11a.22）接着他又说道："轻率的人啊，你相信道听途说的意见——极不可信的事，看不见真理，你是不是在轻率地判处另外一个人死刑？"（B11a.22）在《帕拉墨德斯之辩》中，高尔吉亚对作为说服观众（本例中指庭审法官）的手段、可能引发不伦理行为的意见，是颇不以为然的（这与他在《海伦颂》B11.8～14处所采取的立场相似）。贯穿本文该部分，高尔吉亚笔下的帕拉墨德斯自始至终都在暗示，奥德修斯试图用意见而非用真理来毁灭帕拉墨德斯之时，缺乏实践智慧、美德和善意（B11a.22～26），然而帕拉墨德斯却拒绝对这些论点进行详细阐释，他说道：

50　　　　对你提出的为数众多、罪名重大的新老指控，我尽可一一反驳，但我不想这样做。我不愿以你的恶来洗清自己，而要以我自己的善来洗清自己。（B11a.27）

　　然后，帕拉墨德斯就转而谈论自己的品性，他暗示说，自我表扬"对于一位没有被指控犯下某种罪行的人来说是不得体的，但是对于一个受指控的人是恰当的"（B11a.28）。在这一部分，高尔吉亚举例说明了在庭审时几种不同的表扬被告善良品性的话题（实践智慧、美德和善意）。比如，帕拉墨德斯提醒法官说，他用自己的实践智慧所做出的很多发明，为那些指控他的希腊人带去了裨益：

是谁使人们的生活变得富足而非贫穷无助？是谁发明了最能保护人的甲胄，使人们的生活变得令人羡慕而非令人讨厌？是谁制定了正义的卫士——成文法？是谁发明了文字以便记忆？是谁统一了度量衡，让商业交流得以成功进行？是谁发明了监护财产的数字？是谁发明了最有效的烽火以便最快地传递信息？是谁发明了棋牌这种闲暇时玩的无害游戏？（B11a.30）

因此，这些改善希腊人生活的种种善良之举，意味着帕拉墨德斯因为自己拥有美德而完全不会去参与"卑鄙邪恶的"活动（B11a.31）。最后，帕拉墨德斯用实例说明了他的善意，他提醒陪审团，他"不伤害老年人，不误导青年人，不妒嫉事业兴旺者，但同情不幸者"（B11a.32）。《帕拉墨德斯之辩》中这种从被告的品性角度来进行论证的方法，与亚里士多德的修辞技艺中所暗示的方法极其相似。因此，高尔吉亚在文本中所展示的这些话题，有可能早在亚里士多德对之进行描述之前，就已在广为使用了。

讨论了法庭修辞的逻辑感染力和伦理感染力之后，高尔吉亚最后转向了情感感染力（emotional appeals），或pathos（情感），高尔吉亚和亚里士多德都认为它属于法庭辩论话语结构中最末一项（参见亚里士多德，《修辞学》，3.19.1；在《帕拉墨德斯之辩》中，高尔吉亚只是在最后一项中谈到了pathos）。按照亚里士多德的说法，"当听众的情感（pathos）被演说打动的时候，演说者可以利用听众的心理来产生说服的效力，因为我们在忧愁或愉快、友爱或憎恨的情况下所下的判断是不相同的"（1.2.5）。* 与亚里士多德一样，高尔吉亚相信，情感感染力比

*［译按］中译参考了罗念生译文，见《罗念生全集》（第一卷），上海人民出版社，2007年，第151页。

不上逻辑论证和伦理论证，因为情感感染力有这样一个假设，即听众缺乏修辞能力：

> 当面对大众做出判决的时候，痛哭流涕和悲伤的祈祷，以及朋友的说情对判决是有用的，但对于你们这些希腊人中最优秀和最有名望的公民来说，却没有必要用痛哭流涕和悲伤的祈祷，以及朋友的说情，来打动你们这些人。我要说出事情的真相，而不会欺骗你们，我必须用最清楚的正义来驳斥这样的指控。（B11a.33）

尽管高尔吉亚没有完全忽略情感（*pathos*），但很显然，他将来自或然性的逻辑论证和伦理论证，置于那些被设计来影响陪审团成员不顾眼前的真相而做出某一特定判决的东西之上。关于陪审团，高尔吉亚写道：

> 你们不应只注意言论而不注意行动，不要贸然评判我为自己的动机所做的辩护。不要以为短时间内做出的判断，比长时间做出的判断要明智，不要相信错误的指控，而对经验的确认不以为然。（B11a.34）

高尔吉亚继续写道：

> 如果通过这番话能澄清真相，使听者得到清楚的印象，那么按照所说的来下判决是很容易的。但是由于真相并不能控制这些论据，请把我监禁起来，关很长的时间，然后按照真相再来做出判决。（B11a.35）

高尔吉亚在《论非存在》中论辩道，语词本身常常是对真实的不准确再现，回到《帕拉墨德斯之辩》一文，最具伦理性的判决，是超越当前不可靠的语词，着眼于先前的行动——被指控的帕拉墨德斯那充满美德的、与奥德修斯不正义的指控相矛盾的行动——的判决。

在《尼各马可伦理学》中，亚里士多德将技艺定义为"一种正在形成的理性思维习惯"（4.4.1~6；参Kennedy，288~289）。历经2500年而依然幸存的高尔吉亚这些文本，具有我所说的教学法范式演说的特征：这种演说是专为在高尔吉亚的学生身上培养一种"理性思维习惯"，一种能从或然性中形成逻辑论证、伦理论证（如果有必要的话）和情感论证的"理性思维习惯"。按照高尔吉亚和亚里士多德的观点，在需要对人类行为进行慎思和判断的修辞情境中，演说者利用适合于当下时机的话题，以或然性为基础，发明了（修辞）话语；无论现存的高尔吉亚文本，抑或亚里士多德的《修辞学》，都给学习修辞的学生提供了话题发明的理论和实践。尽管高尔吉亚也许确实曾让其学生背诵他的演说（高尔吉亚为此曾受到柏拉图和亚里士多德师徒的批评），但这些学生并不一定会在所有情境下都重复相同的语词（*logoi*），更有可能的情况是，学生们记住了他们能够接触到的不同的发明性话题——那些将来在学生们的职业演说生涯中可能会碰到的话题——的范本。最后，鉴于亚里士多德的《修辞学》和现存高尔吉亚文本（特别是《帕拉墨德斯之辩》）之间存在许多显著的理论和实践上的相似之处，不管柏拉图有何想法，将亚里士多德的修辞理论和实践看成技艺，而不把高尔吉亚的修辞理论和实践看成技艺，这是不可思议的。事实上，由于亚里士多德的修辞理论和实践着眼于来自或然性的论证，柏拉图当然有可能认为，亚里士多德的修辞理论和实践也是非技艺性的（inartistic）——*atechnê*（不是技艺）。

纵贯本章，我始终认为，《论非存在》对不受人控制的外在实在（*ta onta*）对人的灵魂的影响进行了理论思考，《海伦颂》探讨了受人控制的力量（*promêthiai*）对人的灵魂的负面影响，而《帕拉墨德斯之辩》则阐明了助长观众产生想要的伦理行动的各种发明性话题。通过对高尔吉亚文本的这种整体性阅读，笔者驳斥了那些将高尔吉亚的修辞之基础置于意见、说服和欺骗这些怀疑论概念中的阐释方法，同时提出了一种相对主义的阐释方法，这种方法将高尔吉亚学说的基础放置在群体性的真理及伦理学之中。

第二部分

新智术师的挪用

第三章

新智术师修辞理论

在有关智术师的学术研究中，运用历史阐释方法的目的，是 为了尽可能恢复公元前5世纪希腊那些游走四方的修辞教师所公开表明的学说。怀着此种复现旧学说之目的，进行历史阐释的著者们，在一个连续体上的两点之间运作：要么他们试图撇开现代那些年代错置的框架，那些连他们自己都知道智术师当时不可能接触到的框架，尽管他们永远不可能撇开所有的框架；要么他们就在一种理论告白中坦承自己的概念出发点并谨慎前行。历史阐释所运用的考订方法，意在完整地描绘古代的事件和学说。本书的前两章，笔者始终在进行历史阐释，努力复现高尔吉亚那有可能曾向其同时代人描述过的修辞技艺，撇开那些犯年代错置之误的框架及新柏拉图式的框架（那些至少笔者所知的具有此类特征的框架），从整体上来阅读高尔吉亚的现存文本。

然而，正如笔者在导言中所说，新智术师的挪用有着不同于历史阐释的目的和方法，因此，在着手本书第二部分时，我们有必要检视新智术师修辞的具体目的，以及新智术师们用以达到其目的的方法。对于为研究历史而研究历史，新智术师们并不感兴趣，他们也不热衷于构建智术师及其学说的全景图貌，相反，新智术师们"挖掘"智术师的学说和这些学说的各种历史阐释，其

目的是获取解决当代修辞学中各种问题的理论和方法。这些古代
理论和方法一旦被重新发现，就从原来的历史语境中被搬入现代
56 语境，然后按照其原来历史语境下的情势（exigencies）根本不
可能暗示或允许的方式，被重新形塑。其结果便产生了与原来古
典时期的学说不一样的新学说，但是，尽管经过各种各样的改造
和挪用，这些新学说还是保留了原有学说的某些痕迹。

有一种历史撰述（historiography）观念，与新智术师的挪用
目的及挖掘、移离智术师学说的方法相一致（或应该是一致），
后者也是一种以智术师法则为基础的观念。首先，让我有意识地
挪用一下高尔吉亚，援引他那著名的三个论断来如此阐发一下历
史撰述：历史实在不以任何本质（essential）形式存在；即使历
史实在存在，除非通过阐释过程，历史学家也不可能知道它；即
使历史学家可能知道外在于阐释而存在的历史实在，他也不可能
将此历史实在传达给他人，因为像实在一样的语言也一直是在被
阐释着的。加纳特在《走向一种关于智术师的历史撰述》一文中
论述道，我们应该通过来自于智术师自己思想中的历史方法来探
讨智术师。加纳特"注重智术师们自己的作品，将其视为某一特
定历史实践中的创造物"（264），① 她认为，"关于智术师的历
史撰述需要"：

　　　　1. 重新定义，然后扩充修辞史涉及的材料和论题，这

---

　　① 在此需要注意的是，尽管我认同加纳特论述的精神，但是在新智术师研究
领域，她是一位最彻头彻尾的本质主义者。实际上，加纳特建立了她的关于智术师
的历史撰述观，宣称"智术师们将自然科学家对人存在的时间性（temporality）的观
察，阐释为一种关于话语在社会秩序功能中之运用的连贯批评体系"（263～267）。
当然，如果读一读弗里曼的《前苏格拉底哲人指南》（*Ancilla to the Pre-Socratic
Philosophers*）就可以看出，并非所有的自然哲人都相信人的存在的时间性。浏览一下
斯普拉格编的《早期智术师》可以看出，智术师的学说并不是由一种对任何东西都进
行批判的连贯体系组成的，只有部分智术师的学说直接涉及逻各斯（或加纳特所说的
"话语"）的技艺问题。

样就产生了对传统中形成的学科边缘领域进行今天所谓的多学科性的历史调查；

　　2. 否定渐进连续体，有意识地中断20世纪修辞复兴中存在的带有目的（*telos*）的整全事件链条这样一种隐喻；

　　3. 运用两种前逻辑的语言技艺、对照法（antithesis）和并列法（parataxis），来创造出具有多重因果或开放因果关系特征的叙事，通过对可能性论证的有意识运用，来解决叙事的不确定性。（264）

　　多重视角、断裂叙事、对立论证——这些都是智术师史撰的基本前提，许多新智术师的修辞挪用都以之为基础。

　　但是，这样的历史撰述有什么样的后果？如果我们的目的并非完整重构古代学说，而仅仅是为了挪用那些有用的学说，或者为将其从一个语境移植（transport）到另一个语境，那么，这些学说本身会发生什么呢？赛义德（Edward Said）描述过理论是如何"旅行"的，他的描述也为新智术师的研究中所发生的那种挪用过程提供了解释。赛义德写道：

　　　　就像人和批评流派一样，观念和理论也会旅行——从一个人到另一个人，从一种情况到另一种情况，从此时到彼时。文化和智识生活经常受此种观念传播方式的滋养和维系，不论此种观念传播是否采纳众人认可或无意识影响的形式，创造性借用的形式，抑或全盘挪用的形式，观念和理论从一个地方变迁到另一个地方，既是生活中无可避免之事，也是使智识活动得以进行的有效条件。尽管已有上述说法，但是，为了追问某一观念或理论在时空上从一个地方迁移到另一个地方后，是否获得了新的力量抑或有所弱化，或者为了追问某一历史时期和民族的文化观念在另一时期或情境之

下是否变得全然不同，一个人仍然应该明确那些可能发生的
变迁的种类……这种向新环境的迁移永不停止，它必然会涉
及那些与处于原点的过程不一样的再现过程和体制化过程。
这就使所有对理论和观念的移植、迁移、传播和交往的描述，
变得复杂化了。（226）

在20世纪70年代至 90年代间，智术师的修辞也在旅行：它
被从公元前5世纪的希腊移植到公元20世纪的修辞理论和写作学
（composition studies）中，这一移植过程使新的"智识活动"
成为可能。① 当然，认为智术师学说在旅行过程中并未经历来自
新时空的压力和约束，就太天真了。事实上，这些智术师学说确
实经历了来自新时空的压力和约束，本章的一大任务，便是探究
这些新的压力和约束、这些新的"再现过程和体制化过程"。

但是，我们能够看得出理论旅行过程中所有的任何前后一致
的特征吗？赛义德认为，我们是能够识别的：

变迁本身……有一个可以识别的、回环往复的模式，它
要经历三四个阶段，对于所有理论和观念旅行的方式，这都
是常见的。首先，存在一个原点，或类似原点的东西，这是

① 但夏帕认为，此次智术师的旅行携带的东西太轻了，他们的行囊有些在海
关就被没收了，更有甚者，许多智术师直接就错过了航班。因此夏帕说："我们不需
要虚构的'智术师修辞'，不需要把它作为进入紧迫的当代问题的一个途径。"在一
种为修辞所浸透的文化中，我们不需要到对"很久很久以前"的一个地方的那种浪漫
虚构中去寻求庇护。（"Sophistic"，14）换言之，智术师修辞在现代语境下失去了其
威力，因此对现代修辞学的表达来说，它并非优势，反而成了一种不可靠的因素。但
是，这些智术师中的很多人都旅行了，都参与了艰难的长途旅行，背着行囊到了今
天。当我们在写作之时，这些智术师就在我们身旁，他们的目光越过我们的肩膀，注
视着我们的一举一动。智术师对修辞理论和写作学上的重大发展产生过深远影响，忽
略他们进入20世纪及此后的旅程，首先会让我们忽视修辞学历史的批判性一面，其次
也会让我们忽略一个最为丰富的历史资源。

观念产生或者进入话语的一系列初始环境。其次，存在一段 58
被穿行的距离，一个观念从早先一点移向另一时空时穿越各
种语境压力的通道，在那另一个时空中，观念会获得新的突
显。第三，存在一系列条件，我们不妨称之为接受条件，或
作为接受所不可避免之一部分的抵制条件。正是这些条件面
对着被移植的理论或观念，使后者无论显得多么异质，均能
被引介或容忍。第四，如今被完全（或部分）容纳（或融
合）的观念，因其新用法、在新时空中的新位置而受到某种
程度的改造。（226～227）

　　基于赛义德的四阶段说，很容易构建出一个新智术师修辞的
旅行谱系。首先，尽管某些智术师所宣称的观念在他们之前的几
个世纪都在流播（比如*kairos*这一观念可追溯至赫西俄德），但
是，公元前5世纪希腊的民主政治气候，是这些观念得以发展延
伸而进入修辞技艺领域的沃土。因此，最为新智术师们经常挪用
（构建或者重现）的学说"源点"，是公元前5世纪的智术师们
的修辞。其次，智术师学说已经在旅行了，而其道路充满了来自
柏拉图的错误再现、知识论上的实在主义（realism），以及当下
的和传统的修辞学的种种压力。第三，以写作学中出现的后结构
主义修辞学和写作过程运动的兴起为标志，一系列新的条件在20
世纪后期出现了，这些条件催生了对柏拉图的霸权、基础主义知
识论及实在主义修辞学的批评。第四，由于智术师修辞在从公元
前5世纪到公元20、21世纪的旅行过程中经历了蜕变，我们今天
所称的新智术师修辞，与其原先的同名事物仅在某些方面具有相
似之处。

　　在本章，笔者探讨了新智术师们为解决当代写作学和修
辞学问题而挪用智术师学说的三个理论及教学领域：一，知
识相对主义（epistemic relativism）和修辞伦理学（ethics of

rhetoric）；二，后结构主义和公共话语政治学（politics of public discourse）；三，女性主义智术学和第三代智术学（feminist and third sophistics）。当然，企图对智术复兴这类较大的运动中的各种立场观点进行分类，必然是困难重重：它涉及在结构本来就不存在的地方强加结构；它在充满相似性的地方寻求本质差别。我深知，其他新智术师会想出其他研究方法，但是由于任何批评都是一种结构上的强加，我还是继续审慎地采用此种方法。

知识相对主义和修辞伦理学

罗耶尔（Daniel J. Royer）认为，"知识修辞学（epistemic rhetoric）是集扎根于卡西尔哲学和康德哲学中的各种影响之大成者"（287）。虽然卡西尔、康德和其他人在当代作为知识之修辞的理论上留下了印迹，罗耶尔却忽略了启迪这些哲人的最深远的源头——早期智术师们，特别是高尔吉亚。但是，为何要转向智术师并以他们为先驱者呢？勒夫在1978年是这样解释的："由于修辞的知识视角在现代思想语境下具有革命性意义，因此，我们缺乏一套可以对它进行定义的稳定语汇。"（见*In Search*，77）而转向智术师有助于解决这一阐述问题。在对作为知识之修辞的讨论中，有两篇颇有创见的文章援引了智术师，特别是高尔吉亚，把他们视为看待语言在人类知识形成过程中之功用的这一（当时）新方式的知识论先驱。这两篇文章是司各特（Robert L. Scott）的《论视修辞为知识》（*On Viewing Rhetoric as Epistemic*）和勒夫的《寻找阿里阿德涅的线团》（*In Search of Ariadne's Thread*）。

司各特最先全面阐述了知识修辞理论（epistemic rhetoric theory）。在这篇里程碑式的论文中，他征引了图尔敏（Toulmin）、高尔吉亚和普罗塔戈拉的论证，驳斥了20世纪早期窒息了修辞理论发展的那些传统柏拉图式的、分析性的知识概念和真理概念。在该文前面的部分，司各特从柏拉图的《高尔吉亚》中引出了一个问题，一个处于修辞知识论中心的问题："我们是不是可以假定存在着两种说服，一种说服产生了不太确定的信念，另一种则产生了知识？"（10，参笔者在第一章中对此意见的批评。）按司各特的观点，认为真理和知识从分析角度看，是可证明且先于经验的这种柏拉图式观念，逻辑上会导致这样一种信念，即只相信有两种话语模式："在平等者之间中立地展示材料，和有能力的人说服性地领导更低的人。"（10）但是，在知识上（智术师式地）相信真理于历史及经验中的偶然性，复兴了一种作为思想方式的修辞。通过"合作式批评研究"，智术师的／知识的修辞创造了真理（13～14），通过与"普遍接受的社会规范、经验，甚或信念事物"相关联，修辞帮助人们克服"他们所发现的自己就身处其中的各种偶然性"（12）。

　　像之前的高尔吉亚一样，司各特认为：

60

　　　　真理不是先在的和恒久不变的，而是偶然的。只要我们能够说人类事物中存在着真理，那真理就存在于时间之中，它可以是某一特定时刻、某一互动过程产生的结果。因此，修辞不可以被视为赋予真理以有效性的东西，而应该被看成是**创造真理**的东西。（13，强调为笔者所加）

　　为强调其论证乃基于历史情境，司各特将高尔吉亚的《论非存在》阐释为"想表明人对任何绝对标准都无法确定的一种尝试。我们可以了解自己的经验，却无法承认经验的**本质性**特征"（15，强调为笔者所加）。司各特的智术师的／知识的修辞模式表明，人在相互之间、在物质条件上都是辩证地交互作用的，因而创造了修辞性知识（rhetorical knowledge）。司各特暗示，以这种方式看待修辞，"它就是一种认识的方式，就是知识"（17）。智术师高尔吉亚的学说为司各特的讨论框架提供了历史传统。

勒夫则强调和延伸了司各特的结论。在回顾1976至1977年间言语交流方面的学术研究时，勒夫认为，"仿佛出现了一种支持司各特所谓修辞具有知识性质（rhetoric is epistemic）的这一观点的新共识"（75），"对于那些多年来遭受实证主义者、实在论者、直觉主义者及其他那些在学术殿堂中占据高位的纯粹思想家所辱慢的修辞学家来说，修辞与知识的这一关联，对修辞学家有着令人精神振奋的效果"（77）。勒夫从四种意义上论证了可以说修辞具有知识性质，这四种意义从"最弱"到"最强"是这样的：

> 1. 修辞具有知识性质，因为它可以让我们知晓具体事物和事件是如何与抽象固定的原则相联系的。
> 2. 修辞具有知识性质，因为它再现了一种积极的、社会性的思维形式，让我们既可以了解具体事物，又可以了解与其相关的原则。
> 3. 修辞具有知识性质，因为它具有元逻辑功能，此功能可以帮助我们获取关于各种理论学科的最初原则的知识。
> 4. 修辞具有知识性质，因为知识本身就是一种修辞构造（construct）。（78）

61　　勒夫对知识修辞的第四种说法——其中我们"视知识论具有修辞性质（epistemology as rhetorical）"——来源于高尔吉亚和肯尼斯·伯克（Kenneth Burke），我在这里只关心这个"最大胆"的说法。勒夫指出"知识本身就是一种修辞构造"，他指出了持此观点的两种典型论断：一，"知识的象征性、规范性方面先在于客观事物和机械性事物"；二，"修辞功能是象征过程最主要的方面"（83）。勒夫这样解释了修辞和知识论的叠瓦构造：

> 高尔吉亚否定确定的、亘古不变的知识的可能性，他认为，我们对实在的看法完全以意见为基础。我们知道，自己所知晓的东西是基于我们碰到的实际情境，因为这些实际情境是受到语言的知觉滤网所定义的。通过用简单的对立项来框定我们的反应，语言的真实力量便创造出实在的幻象。语言提供了具体的、让我们能够理解这个世界的模式及反模式。而且，正如语言的对立结构所示，语言本身通过冲突而运作，因此它在本质上具有说服性。这样，其结果就是，修辞者（rhetor）掌控了整个知识论领域。（84）

勒夫认为，语言的、文化的和物质的力量辩证地运作以创造知识，导致了知识本身便有了修辞性这一观点。这一语言／文化／实在的辩证法，最先是由智术师高尔吉亚在公元前5世纪期间加以理论化的。勒夫用下列论断作为文章的结论，强调了这一朝向智术师之知识转向的激进本质：

> 的确，很重要的一点，是高尔吉亚的思想而非柏拉图或亚里士多德的思想，提供了进入古代的切入点。即便缺乏其他证据，这一事实也应该提醒我们注意由赋予修辞以知识地位而引起的深刻变化。（84）

然而，正如柏拉图和亚里士多德曾指责智术师从事不伦理的行当（基于他们的知识论相对主义的行当），知识相对主义也成了当代修辞理论家发出的这类指责的牺牲品。司各特和勒夫预料到对知识伦理学的这种指责，并对这种相对主义修辞学进行了辩

62 护，他们认为，在进行伦理性决断的过程中，基础主义的修辞学（恰恰才）不需要人的责任。司各特认为，知识性真理（或相对性真理）"并不是在它自身的表达形成之前业已存在，而是在其自身的表达形成之中才存在着的……怠惰无为、无力担负参与进偶然真理形成的过程的责任，应该被视为伦理上的失败"（16）。

> 如果一个人是带着有把握的真理在行动，那么这一行动的所有结果可以被视为是不可避免的，也就是说它是由各种原则所决定的，对于这些原则个人仅仅是工具而已。比如说，个人的行动并不为此行动可能带给自己或他人的痛苦担负责任。把自己视为国家、历史或某种真理之工具的人，将自己置身于伦理要求之外，因为，他实际上是在说，"该负责任的人不是我"。
>
> 反之，一个没有把握性而行动的人，必须担负起因尽其所能使其行为成功所带来的责任。他必须承认自己身处其中的各种环境内的种种冲突，使潜在的善达到最大化，要对不可避免的伤害担负责任。如果在这个人行动的环境中，伤害并非是一种恒常的潜在物，那么，他就没有受到伦理问题的诘难……带着产生良好后果的意图而行动，同时也为所有这些后果担负责任，这是具有伦理感的应有之义。（16～17）

对于司各特和勒夫来说，伦理行为的前提就是偶然性。由于智术师和知识修辞学都假定存在着一个充满偶然性的宇宙，因此，只有在这些古代和现代的相对主义路径之内着手探讨自然和话语的本质，伦理问题才会出现。

因此，知识修辞学最深远、最重要的根源，是在古代智术师特别是高尔吉亚的修辞理论中。尽管只有几位持修辞即知识这一观点的当代代表人物，在自觉援引他们的这位前柏拉图理论先驱，但是，我相信，在关于知识修辞学的元话语的每一个例子之中，早期智术师们要么处于中心位置，要么（或隐或显地）处于边缘位置。鲍姆林（James A. Baumlin）在当代知识修辞学中发现了来自高尔吉亚和普罗塔戈拉的巨大影响，他指出，柏林（James A. Berlin）对所谓的新修辞学的描述，与古代智术师对偶然性实在和相对真理的讨论，"具有暗示性的相似之处"。 63
鲍姆林总结说："我感到困惑的是，它还甚至被叫作'新'修辞学，因为这一修辞学所隐含的知识论和关于有机形式的原则，其实在很多世纪之前的高尔吉亚、普罗塔戈拉和伊索克拉底（Isocrates）的修辞理论中，就已经得到了充分阐述。"（179）

　　一方面，司各特和勒夫为阐述新的知识修辞学而对各种智术师的知识论进行了大范围挪用；另一方面，为了拓展与知识修辞学、跨课程写作和修辞发明相关的各种观念，其他新智术师则挪用了一个特定的智术师学说，这就是时机（*kairos*，抓住适宜的时刻）。正如笔者在第一章所言，智术师，特别是高尔吉亚制定了修辞策略，目的是充分利用被称为时机的定性意义上的时间概念。作为一种社会实践，时机在偶然性世界观的语境下所起的作用最好，因为普遍真理并无时间和空间的限制。作为一种修辞策略，时机在话语的知识观念中是最能得到有效利用的，因为正如笔者所说，一个人拥有真理的时候，任何时间都是恰当的时间，但是当一切皆不确定时，时间便成了一切的本质。尽管柏拉图将时机概念包括在自己的哲学性修辞之中，但是，时机概念的目的仅仅是使普遍真理适合于各种观众。不过，从智术师的视角和知识论观看待时机，可以将时机的功能上升到话语中知识的建构本身，正是这样的智术师时机观和知识论时机观，被新智术师挪用了，以服务于知识论辞学、跨课程写作和修辞发明。

　　譬如，在《得体、时机与"新"修辞》（*Decorum, Kairos, and the "New" Rhetoric*）一文中，鲍姆林论述道："通过时机，

著作者或演说者认识到世界的多变性和逻各斯一词在构成实在世界中的能量。得体与时机结合后，便成了使一切话语因素去适应一个多变世界的基本原则。"（177）鲍姆林继续说道：

> 因此，智术师修辞，特别是时机这一概念，作为前苏格拉底哲学的传统，对于所有基于古典的修辞理论来说一直都是存在的：对于亚里士多德和西塞罗，帕特纳姆（Puttenham）和培根，当然，也对于现代人来说，这是一个充满矛盾的世界。在这个世界里，某一行为现在是有效的，但以后也许会变得无效；一个词在某种情况下是真实的，在另一种情况下也许会变成虚假的。遵循时机，首先就成了对可变、偶然和世俗的自然的阐释，它赋予演说者和著作者几乎是对自己生活的世界的创造性控制力，并将这些通过语言传达给别人。事实上，时机……给现代修辞学——一门承认实在偶然性本质、承认人们通过语言来建构其世界这一方式的修辞学——提供了一种基于古典的知识论。（180~181）

鲍姆林注意到，在古代智术师关于时机的相关理论和晚近对知识修辞学进行的诸多阐述之间，存在着契合之处，以此为基础，他最后力倡挪用性地回归到"作为现代话语基础的时机"上去（179）。

金尼维（James L. Kinneavy）呈现了一种古典修辞学中复杂的时机观，并将这一复杂的"正确的时间选择"或者"适度"（85）概念运用到现代写作学中，特别主张将其纳入到有关有启发性的跨课程写作理论中去。按金尼维的观点，古代的时机概念至少在伦理的、知识论的、修辞的、审美的以及公民的（civic）这五个维度上，参与了人的社会活动。尽管金尼维告诫我们，"将这一复杂概念运用到大学写作中，意味着有失去该概念实质上的复杂性的危险"，但他还是承认，"这一尝试理应有其价值。事实上，它可以赋予几种分离的运动以某种整体性"（93）。金尼维继续说道：

> 如果我们要忠实于自己的历史分析的话，我们要做的就是，设计出一个具有伦理的、知识论的、修辞的、审美的以及政治的维度的大学写作大纲，这些维度涉及像与今天的年轻人具有当代实践性关联的这样一种观念。（93~94）

对金尼维来说，时机与决断关系极大，在多数人的生活中，没有哪个时候像大学时代那样充满了重要决定，大学写作大纲能够帮助学生们在作出正确合理的基础性决定上，充分利用时机的各种维度。（94）

金尼维主张，写作教师应从当前对文本的专注，更实际地转向专注具体的情境性语境（situational contexts）——这是一种扎根于智术师知识论的时机的现代理念。金尼维所说的情境性语境，乃基于跨课程的学科性修辞或写作（95~98）。但是，基于时机的写作大纲亦需同时具备伦理的维度，因此，在每一个学生的"个人兴趣和职业选择"的详细审查和"伦理关怀"下，该课程中的写作，至少应有一部分是探索"该学科中所隐含的那些价值观念"（98）。况且，这种时机性的写作大纲，也必须要求学生将情境性语境放置在一个更为宽广的社会语境或历史意识之下。在这种情况下，写作过程便朝着公民教育（civic education）的方向发展，要求"学生的政治议题写作要与自己的学科和整个政治图景有所关联"（99）。但金尼维认为，时机的这些伦理和政治维度作为一门写作大纲的基础远远不够，它还必须培养学生的修辞技能：

某一职业的政治学、伦理学和修辞学应该是任何学科课程中的一部分。这门学科的修辞意味着用能被聆听的说服性语言向大众演讲的能力。通常，这种说服性语言需要情感强烈，甚至慷慨激昂，以观众为基础，倾向观众，还得在文体上与某一特定的亚文化相适宜。（102）

因此，具有种种复杂维度的时机为现代写作大纲——将伦理、政治和修辞问题融合到一个综合性课程中的写作大纲——提供了一个合理基础（尽管可以肯定说这不是基础主义式的基础）。

在其作文课本《古代修辞学：当代学生用书》（第二版）中，克罗雷（Sharon Crowley）和荷维（Debra Hawhee）用了时机的古代理论，以解决比金尼维大刀阔斧的当代写作大纲改革范围更小、更集中的一个问题。克罗雷和荷维使用时机概念，目的是为探究和阐释清楚涉及知识性修辞发明的某些特定问题。在简略解释了智术师的恰当的时间地点概念后，克罗雷和荷维给学习写作的学生提供了一种很有用的启发式教学，以便让他们对作为一种发明形式的时机进行思索。"记住时机不仅是一个时间概念而且是一个空间概念后，一个关注时机的修辞者，便能够探讨诸如此类的一些问题"：

1. 这个问题当前是不是有紧迫性，我是否需要显示其紧迫性或使其与当下相关联？

2. 在时间上的此点，什么样的论据看上去对什么样的群体是有利的？

3. 鉴于观众普遍的需求和价值观，哪一系列的论据可能不恰当？

4. 此时、在此和此共同体中，与当前这一特别问题的话语有紧密联系的是什么样的其他问题？

5．在这一问题中，这一正在起作用的特殊权力的动力究竟是什么？谁拥有权力？谁没有权力？

6．什么样的地点表现了这些问题的哪些方面？一个群体或另一个群体是否看上去处于更有利的论辩位置？为什么？

7．一个群体是否比另一个群体的声音更洪亮？为何会如此？（36~37）

克罗雷和荷维的结论是，"一个适应了时机的修辞者，应该将某一特定问题视为一系列明确的政治压力、个人投入和价值观念，所有这些都会导致对某一问题的不同争论"（42）。就这点而论，古代时机概念对当代学生非常有用，特别是在写作课上和贯穿全部本科课程中的论辩性学术写作中，作用极大。

古代智术师，特别是高尔吉亚和普罗塔戈拉，及其时机学说，对解决关系到知识修辞学的阐释、写作课程的发展、修辞发明的实践等现代问题，被证明是有用、有成效的。在发展关于公共话语的的后结构主义修辞学和实用主义修辞学方面，智术师学说也同样大有助益。

后结构主义、实用主义和公共话语

尽管前面部分讨论到的新智术师关注的都是古代和现代的修辞（rhetoric），接下来这一群新智术师则在智术师修辞（rhetorical）传统和现代哲学（philosophical）传统之间找到了契合之处。特别是后结构主义和实用主义，他们不仅挪用了智术师的修辞学说，还挪用了现代哲人的学说，用以修正作为政治化公共话语的写作学和修辞研究。

　　将后结构主义和智术（sophistry）结合起来的学者克罗雷认为，高尔吉亚的前形而上修辞学和德里达对形而上学之在场的批判，都为当下及传统的修辞学那沉闷的知识论和方法论提供了另外的选择。在《论高尔吉亚与文字学》中，克罗雷认为，"从在场形而上学中借鉴过来的、认为语言在某种程度上代表或描述了外在于语言的某一实在的假设，直到最近才让修辞学家不再从生产性方面来思考语言"。相反，克罗雷宣称，"修辞技艺不是一种关于在场的技艺或追寻真理的技艺"，而是"一门运用语言的技艺，一门关于话语的语用学技艺……尽管关于在场的形而上学一直在西方思想中占主导地位，但它的语言再现理论对修辞理论以及对一般的语言学习和教学，特别是写作，作用并不大"（279）。克罗雷慨叹道：

　　　　学校教授写作，不是将其作为一种探寻词语力量和魅力的手段，而是当成对言语不那么令人满意的再现手段。教师叮嘱学生，要运用好的形而上风格来写作：不要让书面词语挡在观念和读者之间，词语应澄澈如玻璃。（284）

　　按照克罗雷的观点，高尔吉亚对写作理论、实践及教学——一种避免了德里达后来称之为在场形而上学这个陷阱的写作理论、实践及教学——的最大贡献就是：首先，语言不是天然地与真理和实在关联在一起的；第二，写作者往往关注的是词语对观众的影响（280～282）。克罗雷用高尔吉亚式和德里达式的对在场的批评所产生的后果作为结语，他说，"首先，我们应该尽力给我们的学生灌输，对语言的力量和魔力应持高尔吉亚式的尊崇"。其次，"作文教师应该开始将写作视为语言的强大工具，而非语言的婢女"（284）。就这样，克罗雷为沉闷死板的当下及传统的修辞学提供了一剂解药——高尔吉亚的前形而上学智术，以及德里达的后结构主义新智术。

在《柏拉图、德里达与书写》一书中，尼尔（Jasper Neel）解决了柏拉图的基础主义辩证法与德里达的否定性解构这两种哲学（而非修辞学）立场之间的一个难题，借此立场（xi），尼尔试图来"拯救"书写。在这个难题中，他发现了"强大的话语"，或者能经受公共争论之细致审查的话语。在这里，尼尔提供了"在一种后柏拉图的、后结构主义世界中作为运作模式的智术学"，"目的是要在思想史上开辟出一块地方，在这个地方，写作行为既非柏拉图所认为的那样羞耻，亦非如德里达所说的具有哲学性质"（xiii）。尼尔暗示，为了让强大的公共话语存在下去，

> 书写者和演讲者必须逃离实在主义和解构之间的二元对立，并且开始书写——这是一个将柏拉图与德里达均囊括入内的行为。通过预示解构，抽去柏拉图主义的根基，以及运用修辞来表明一个人怎样认识一个好的决定并帮助它获胜，普罗塔戈拉和高尔吉亚揭示了这种方法（xiii）。

68

尼尔描述了他阅读《斐德若》而得到的三类书写。第一类，"灵魂书写"。"灵魂书写"是对可能性真理的内在辩证追求的表层再现，然而，一旦被铭写下来因此便不再再现这一辩证过程后，心灵书写也就不再存在了。第二类，柏拉图的智术（Psophistry，加上不发音的P，目的是将柏拉图的智术与其他智术区别开来），它是压制辩证过程、追求可能性真理的书写，毋宁说，它铭写的是确定性的外观，是一种被呈现为或正确或错误的东西的单一立场。最后一类，是"反书写"，它是空洞的、前结构化的五段式散文，尼尔认为，这种"反书写"给人的印象是这样的：

　　　　我不是在书写。我不采取立场。发现、交流和说服皆与
　　　　我无关。我不关心真理。我的存在就是一篇文章。我大声说
　　　　出我的开始，我的部分，我的结束，以及它们之间的联系。
　　　　我将自己作为标点正确的句子和拼写正确的词语，大声说
　　　　出。（85）

　　柏拉图的智术（对合理对立的压抑）和反书写（拒绝承认任
何立场）是当代写作课上的两种主流写作模式。

　　尼尔对德里达早期关于解构的作品的阅读，揭示了两种类型
的书写："狭义书写"和"广义书写"。首先，在狭义书写（或
经典书写）中，铭写（inscription）试图再次呈现言语，而言语
又再次呈现思想。然而，随着每一次（从思想到言语再到书写）
的迁移，带来了诸如延异、重复、替代和不在场之类的不洁之
物，因为，言语永远不能完整地复制思想，书写永远不能完整地
复制言语。大部分西方之书写，特别是大部分在美国作文课堂内
进行的书写，都试图遮蔽书写过程中延异、重复、替代和不在场
等的嬉戏，将书写弄得看上去和思想一样纯洁无瑕，因此，如果
书写无法遮蔽它自身的不稳定性，那么其价值就会被贬损，会被
视为不纯洁之物。尼尔认为：

69　　　　由于西方一切算得上思想的东西都是在书写中出现的，
　　　　因此书写的贬损就起到了一个非常关键的作用。首先，它使
　　　　得作为意义的绝对源头的个体的形成和完整性成为可能；第
　　　　二，通过不断地引起人们注意其自身，把它视为它所意欲承
　　　　载的更大的真理的不完备的仆人，它保持了意义的完整无
　　　　缺。……通过将书写构想成言语的替代物，将书写当成捕捉
　　　　只是出现在言语中的意义的一个不完备手段，关于纯粹意义
　　　　的幻想继续长存。（118～119）

然而，"通过一系列大量的辛勤阅读"，尼尔指出，"德里达试图证明，狭义书写的所有特点——使其成为第三位的、重复的、隐喻性的那些全部缺陷——也存在于言说中，存在于思维之中，甚至存在于存在（being）之中"。事实上，"当一个人试图回溯到先在于书写的那个层面，创建起书写以及使书写成为可能的那个层面的时候（也就是说回溯到思想本身的时候），他发现的无非是与书写毫无二致的运作——补充，重复，延异，不在场"（113）。不过，根据德里达的说法，书写并非是纯粹思想充满缺陷的再现，相反，思想与书写的典型特征——符指化过程和结构——是相似的，符指化的过程和结构使思想成为可能。因此，普通书写就是承认差异的运作、承认被追求的东西之不可避免的不在场的书写，它绝不装腔作势地去再现纯粹的思想和意义。

在《柏拉图、德里达与书写》一书的结尾，尼尔为他所称的强大话语——一种天生具有修辞性而非哲学性的书写——进行辩护。按照尼尔的观点，

> 使修辞和书写免受哲学的任何非难的是这样一个事实：所有哲学，包括柏拉图的哲学和解构主义的哲学，都是书写性和修辞性的。正如智术师在许多年前就曾试图阐释过的那样，修辞是一种先在的媒介，在这一媒介中，真理的可能性和不可能性要经历一场无休止的斗争。（203）

尼尔论辩称，私人话语或哲学话语（包括柏拉图的灵魂书写和德里达的普通书写）是"软弱无力的，因为它在公共生活领域一直处于未经检验的状态"（208）。然而，至关重要的是，我们不应该

低估软弱无力的话语的吸引力，因为它始终都装扮成弥 70

赛亚或哲人王的样子来呈现自身。弥赛亚或哲人王宣称提供真理，但是，当修辞、说服、书写和智术这些最具人性的东西受到阻止的时候，他们事实上提供的仅仅是必然会出现的沉默。（209）

然而，与此相反，尼尔暗示，"任何被公开表达并找到了支持者的话语都会变得强大，它从经受公共生活的细致审查的能力中获取了力量"（208）。强大的话语本质上是智术师性质的，它依赖于相对主义的知识论，依赖于相信逻各斯（*logos*）的说服力。按照尼尔的观点，这些知识观和语言观来自高尔吉亚和普罗塔戈拉的学说（204~208）。智术师强力话语的最终力量

> 首先体现在智术师意识到了修辞和书写如何产生信念和行动；其次体现在智术师愿意永远（毫不动摇地）坚持一切受到质疑的信念；第三体现在智术师采取行动的能力。只有当智术师能够用一种强有力的话语——一种历史悠久、具有普遍说服力的话语，一种连自身的对立面也被赋予了被倾听机会的话语——来支持这一行动本身的时候，智术师才具有采取行动的能力。（208）

正是这一强力的智术师话语，才是作文教师和学习作文的学生所必须关心的，如果我们想要让新的一代准备参与到公共生活的潮流中。

在发表《论高尔吉亚与文字学》10年之后，克罗雷将新智术师思索从后结构主义本身，更多地转向了可以被松散地称为实用主义的东西，这一修辞学转向随后会在梅卢克斯（Steven Mailloux）那里得到进一步发展。在《为智术的复兴一辩》中，克罗雷将早期智术师的修辞理论和实践，当成疗治窒息沉闷的

"技术化修辞学（technologized rhetorics）"的良药，这种"技术化修辞学"以牺牲情境适应性为代价，强调普遍性规则。克罗雷认为，"由于注重实用性，智术师能够正视这一事实，即对任何特定情势都有几种而不仅仅有一种阐释，这些阐释是互相对抗的，必须在其中有所选择"（328）。然而，现代写作学的问题在于，多数写作教师并没有将自己或自己的学生看成更大的社会构型的参与者。因此，写作教师从早期智术师那里了解到了"那些从事写作和话语实践的人……不能逃避他们工作的公共性一面"，因此，他们"一直在从事着智术"（330）。修辞是一门实用技艺，其成功不在于普适性的技艺，而在于它对极富变化的语境的适应能力。

在梅卢克斯编辑的论文集《修辞·智术·实用主义》中，有几篇文章扩展了克罗雷先前的论断，详细论述了"新实用主义可被视为智术师修辞的一种后现代主义形式"这一更为具体的论点（2）。在该书导言"智术和修辞实用主义"中，梅卢克斯用实例证明了，本世纪之交的实用主义运动的发起者曾敏锐地认识到，从许多方面来说，智术师学说都是实用主义知识论的重要先导，尤其早期实用主义者如威廉·詹姆斯、杜威和席勒（F.C.S. Schiller），以及晚近的新实用主义者如罗蒂和费什（Stanley Fish），他们都承认，普罗塔戈拉的"人是尺度"说乃是20世纪实用主义知识论的古代基础。纵贯20世纪，由于只注重实践智慧、拒斥绝对真理，相对主义的实用主义知识论备受批评。对普罗塔戈拉相对主义的这一关联和指涉，为当代（新）实用主义者所提出的论断赋予了一种反柏拉图的可信性。

梅卢克斯文集中的其他文章，提出了古代智术师与当代实用主义之间的种种不同联系。按夏帕的说法，

在伊索克拉底的著作中，三个相互关联的主题与当代实

71

用主义有明显的类似之处：重视有根据的意见（*doxa*）和怀疑确定性（*epistêmê*）；相信教学应具道德性，目的是培养学生参与公民事务；总体上倾向实践哲学而非思辨哲学。（57）

比亚罗斯托斯基（Don H. Bialostosky）在挪用智术师的（对话式）修辞时，意图更为明确，他直接将智术师修辞与独白式的制度化话语对立了起来。按照他的观点，"在将官方话语视为一种话语的时候，智术师修辞加入到了巴赫金那种对话理论中，它认为，这种官方话语无论在地方上还是在时间上多么强大有力，都必须随时把持好自己，随时对抗那些批评它、挑战它的权威的其他话语"。比亚罗斯托斯基将智术师修辞和巴赫金修辞的新实用主义复苏，看成是一种既具有节庆性又具有对抗性的"回归"（homecoming）。它是

　　一个场合，在这个场合中，那些曾离开某一制度太久并被其遗忘的人，现在又被邀请回来与那些现在拥有这个制度的人聚在一起，为的是支持他们与一个对立制度的斗争。为了这样的目的，智术师、自由言辞的技艺者，以及巴赫金自己，都被欢迎回来。（93）

无论是否被视为与后结构主义、相对主义或者实用主义公共话语有关联，智术师修辞都为窒息沉闷的基础主义知识论和技术化修辞学的普遍原则提供了解毒剂。后结构主义者克罗雷和尼尔以及新实用主义者如梅卢克斯和比亚罗斯托斯基，他们的政治性规划的范围都相当宽泛。不过，其他的新智术师选择了更加具体的规划，发展出了大家所熟知的女性主义智术学和第三代智术学。

女性主义智术学和第三代智术学

在《女性主义的智术师事业》一文中，魏克（Audrey Wick）认为，公元前5世纪智术产生的历史情境，与20世纪60至70年代女性主义产生的历史情境，有显著的共同之处，其中最突出的就是战争（伯罗奔尼撒战争和越战）和政治革命（新的民主治理和公民权运动）的压力。但是，魏克对智术师修辞最要紧的兴趣点，是智术师修辞对习俗（*nomos*，作为社会构架的真理）与自然（*phusis*，自然本身铭刻着的真理）之争的探讨，她将这一对立也运用到女性主义研究上。"与智术师一样，"魏克说道，"有些女性主义者对探讨习俗与自然兴趣强烈。有一派女性主义者论辩说，男人和女人拥有本质上就不同的自然，这些自然反映在母权制的神话中。"另外一派，则试图"挖掘我们神话的根源，希望能够证明所有的差异都是文化差异而非生物性差异，因而是可变的"（30）。因此，对于魏克来说，智术师在2500年前不得不面对的错综复杂的问题，很多都与今天的女性主义者所面对的问题如出一辙。

加纳特从女性主义理论和批判性教学入手，对早期智术师（以及她自己的新智术）进行了研究。在《重读智术师》一书中，加纳特认为，种种基础主义形而上学天生就是压制性的：它们按照种族、阶级和性别鼓励等级分类，常常是青睐一种分类而拒斥任何其他分类（63～65）。在智术师的习俗（*nomos*，加纳特将其定义为社会风俗或传统行为）概念中，加纳特发现了替代基础主义形而上学的压抑逻辑的东西。按照加纳特的观点，习俗"提供了一种以被编码在文本及时代中的叙事为中心的阅读模式"。这样的分析，为发现具有典型文体特色的边缘化声音的尝试，提供了颇有助益的另一种选择。

尤为特别的是，女性主义（新）智术运用习俗和叙事来消解"父权统治那被错误地正当化了的逻辑"（76），并重读（文学和历史）文本，这样，以前被基础主义形而上学所遮蔽的声音便得以听见和理解了。在下面的反思中，加纳特总结了她对第一代智术师和女性主义的讨论：

> 通过这一探讨，我发现，尽管智术师有可能不是"女性主义者"，但是，就"智术师"这一词语最正面的意义而言，当前的女性主义者正在变成智术师，她们运用改变妇女生活的最大的力量，来描述理论界定中关键问题的修辞学解决途径。智术师修辞使得女性主义的阅读／写作实践能够侵入男性话语的"公认历史"（received histories）。按照差异性叙事逻辑来进行的文本重写／重读，不仅在文学上，而且在修辞史上开辟了各种可行之路。将社会与历史的差异叙事化，特别是在修辞学中叙事化，可以探究女性的话语力量是如何被分散到学校教室和客厅的，这样就可以将信件、关于礼仪和教育的文本，甚至其他尚未确认的形式，囊括到一种被重新定义的"修辞"中去。它不仅能确认新的作品，同时也提供了一种重读霸权式文本的方式，从新的视角去探究男性欲望的轨迹。指出女性主义理论和女性主义文学批评工作展开了智术师的民主修辞所勾画出的那些实践，便为恢复修辞史上的一系列边缘声音，提供了一条道路。反过来，对当前女性主义阅读和书写中与智术师修辞有关联的东西进行概述，也可以为动摇早在智术师时代就已奠定了基础的父权制度提供更大的影响力。（78～79）

加纳特从逻辑到叙事、从自然到习俗的转向，肯定了其作为知识的修辞理论之新智术师方法及女性主义方法的合理性，同时也肯定了，为使其它本来缄默和边缘化的声音得到表达，她的新智术师式知识修辞观反对语言的社会排斥本性（socially exclusionary nature）。

在《重读智术师》的最后一章，加纳特将注意力转移到写作教学上。她利用了智术师的教学方法，将其作为解决当下写作学具体问题的一个手段。在这里，加纳特的目的是"探讨在雅典直接民主制下的智术师的教育实践，如何能成为一种对今日写作教学的各种政治可能性进行反思的方法"（81）。她还说道："分析最早那一批智术师的社会理论、他们的教学以及那个时代的民主运作这些因素之间的关系，可以帮助我们评价我们这一时代的各种作文教学的政治维度。"（82）加纳特特意将其评论限定在其中一个思想流派——批判性教学——之上，而从事这一批判性教学的人，如弗莱雷（Paulo Freire）、阿伦诺维茨（Stanley Aronowitz）、吉鲁（Henry Giroux）、索尔（Ira Shor）等人，"重树了第一代智术师的目标"（107）。加纳特认为，古代智术师和现代批判性教育家都讲授（或曾讲授过）批判意识，或对制度化话语进行系统性的去神秘化（demystification）。通过暴露这些东西的内在矛盾，古代智术师和现代批判教育家对这些压迫性话语都（曾）进行了去神秘化：前者通过对某一特定情形下的双重论证（dissoi logoi，双重或对立论证）进行探索来去神秘化，后者则靠解构各种主流话语来去神秘化。对这些有政治献身精神的古代人和现代人来说，去神秘化不可避免地带来了解放。

魏克和加纳特二人关于女性主义智术学和智术师式批判教学的理念，均涉及一个否定性的辩证法方法论，在这一方法论中，主流话语的对抗并没有受到破坏，只不过是被颠倒了。但是，维坦查认为，这种"否定性"解构形式对于消解主流话语作用不大，只不过是重新铭写了新的主流话语，替代了旧的主流话语罢了。不过维坦查认为，我们不应当偏袒男性而轻视女性，或者偏

祖女性而轻视男性，我们应该解构的是偏袒这一行为本身。基
75 于斯皮瓦克（Gayatri Spivak）和德里达所描述的解构主义方法
论，维坦查主张，任何否定性解构（加纳特在这点上停了下来
未深入探讨）都必须跟随在肯定性解构之后发生。维坦查接着
说道："当第一个（否定性解构）停留在二元对立中时，第二
个（肯定性解构）向另一个解构发出召唤，这样也许就可以脱
离这个二元对立，走向无数的性别和性。"（*Negation*，219）
走出二元对立思维，召唤"被排除的第三者"（而非抬高被边
缘化的"他者"），这就是维坦查的"第三代智术学（Third
Sophistic）"的后现代基础。

对维坦查而言，在任何二元对立中都不可避免地存在着的主
体／客体关系，无论是男性／女性还是女性／男性关系，在政治
上都是成问题的。修辞及其实践者应该超越主体／客体关系，走
向第三个他者，在这个过程中摧毁二元逻辑安身的基础。在《再
论走向"第三代"智术学》一文中，维坦查细致地描述了这种后
现代式的智术师批评立场：

> 第三智术学，或后现代／超修辞学，将会是或就是一门
> "抵抗和瓦解"的技艺，抵抗和瓦解那些使说服和认同成为
> 可能的既定手段（文化符码）。这门"技艺"不仅拒绝既定
> 的（资本主义/社会主义）符码，也完全拒绝对权力关系进
> 行重新编码或重新划定疆域，无论这些权力关系是否表现
> 在国家的哲学、伦理、或宗教意识形态方面……第三智术
> 学，或后现代／超修辞学感兴趣的是永恒的解码化和去疆
> 域化。此外，它不相信什么"知识游戏"或"解放的宏大叙
> 事"，它将这二者都视为充满悲剧的陷阱，在这个陷阱中，人
> 类希望发现／建立（find and found）自身，希望将自身沉湎于
> 有意识的压抑、无意识的压抑和政治的压迫之中。（133）

归根结底，只有这第三代智术学才能够带来真正的平等——不是通过斗争和解放，而是通过对压制性基础的肯定性解构。

认为高尔吉亚已清楚阐述过一种古代的知识性、实用主义性、女性主义性抑或后现代性的修辞理论，这是一种年代错置的错误，总体上说也用处不大。但是，探讨高尔吉亚修辞的某些因素如何能够解决（并已解决）当代修辞理论的阐释方面的某些问题，还是大有裨益的。笔者在这里想重申的是，上述新智术师修辞的几种范畴并非是相互排斥的，其目的仅仅是引导研究，而非将不同的新智术师提本质化为非此即彼的同一类事物。事实上，76 上述所有的新智术师，他们在对智术师学说的挪用上，都是一致的。每一位新智术师都转向公元前5世纪希腊的修辞学，尽管表现形式和原因各有不同，但其目的都是为得到启发，为解决修辞、教学或行政领域中的各种当代问题。也许可以这样公允地说，如果没有古代雅典智术师的深刻影响，知识修辞学、修辞实用主义，当然还有女性主义智术学和第三代智术学，根本不会像现在这样存在。

第四章

后现代智术学

在第三章，我探讨了各种各样的新智术师。这些新智术师
为解决当代修辞学和写作学的各种问题，毫不隐讳地挪用了古
代智术师的学说。不过，在接下来的第四章，我将把焦点从
有自我意识的挪用，转向我所谓的后现代智术学（postmodern
sophistics）。笔者欲证明，当代的后现代批评理论，就其知识
论基础和典型的修辞策略而言，正是智术师式的。特别是在伯克
（Kenneth Burke）、利奥塔（Jean-François Lyotard）、鲍德里
亚（Jean Baudrillard）及德里达的作品中，某些后现代概念和公
元前5世纪的高尔吉亚的概念非常相似。在本章，我将首先探讨
后现代智术师的再现（representation）理论，其次，将这些再现
理论运用到一种新出现的话语形式上，这种话语形式，我称之为
后现代典礼修辞（epideictic rhetoric）话语，或者涂鸦式非纪念
性话语（graffitic immemorial discourse）。

无论是古代还是后现代的智术师，他们都有一个核心问题，
涉及再现的本质，或者说语言与语言所代表的事物之间的关系。
对再现最为幼稚的理解，是认为语言是透明的，是一个纯粹的媒
介，通过这一媒介实在可以毫无扭曲地得到描述和理解。但是，
对再现更具智术师特点（或更为复杂）的理解，是将语言视为一

个很成问题的媒介，一个将其指称对象（referent）不可逆转地转换成其他东西的媒介。

智术师的再现

高尔吉亚在其三个主要文本中，都非常直接地涉及了再现这
78 一问题，但是，他对再现的讨论在《论非存在》的第三部分最为清晰。在这里，高尔吉亚极力辩解，认为语言和实在是完全脱节的：

> 因为语言（logos）是交流的手段，但它与物质或存在物不同。因此，我们和邻居交流的并非是存在物，而是语言——某种并非物质的东西。当然，正如可以看到的事物不会变成可以听到的事物，可以听到的事物也不会变成可以看到的事物，（作为物质的）外部存在是不会变成我们的语言的。作为一种并非语言的东西，外部存在不可能被显示给他人。实际上，高尔吉亚的意思是说，当实在（可感知物）从外面给我们以印象时，语言便产生了。因为，我们在体验某种味道的时候，我们便产生出关于那一性质的语言；我们看到某个颜色时，我们便产生出关于那种颜色的语言。但是，如果情况是这样的话，那么，语言就不是外部的再现，反而是外部成了语言的能指。（B3.84~85）

在智术师之前的神话和自然哲学中，语言被认为是与其所再现的事物完全对应的，因此，最为丰富的思想探求对象，是神话的文化内容和自然世界的普遍内容，而非语言，因为语言仅仅被视为反映神话和自然的透明镜子。但是在《论非存在》中，为了

努力使语言研究合理化，高尔吉亚将*logos*（逻各斯，大体上被认为是语言）从实在（*pragmata*，语言所指称的事物）中分离了出来。

吉布森（Walker Gibson）对上述引自《论非存在》的段落的评论是这样的：

> 这些感想，对于很多20世纪晚期的人来说，听上去都非常熟悉。符号与符号所象征的事物之间的不稳定关系，在当今几乎所有学科中都是一个司空见惯的论题。但我们得清醒地认识到，在2400年前，这曾经是智术师们讨论过的论题。（285）

符号与事物的分离，其背后的政治原因古今并不相同，不过在后现代批评理论中，也有类似的做法，试图将媒介与其所再现的对象分离开来。

后现代智术师的再现

在《划分1960年代》（*Periodizing the '60s*）一文中，詹姆逊（Fredric Jameson）注意到，"对再现的批判"是"总体意义上的后现代主义"的一个重要因素（194）。对于多数后现代批评理论家来说，语言获取意义的过程及这一过程的政治后果，要比启蒙符号学理论再现它们的那种简单化方式复杂得多。但是，如果艺术（art）并不再现（re-present）实在，如果语言不再现真理和理性，如果能指不再现一个所指——如果不存在"再现（re-presentation）"（像柏拉图以来西方形而上学一直以理解概念的方式那样存在），那么，修辞学会有什么样的损失呢？

　　启蒙主义的艺术理论、语言理论和批评理论假设，在能指与所指之间、再现（representation）与实在之间，存在着一种精确的对应关系：绘画、短篇小说、随笔（再进一步，任何言辞或用伯克的术语来说与任何一种和某一"动作"相对应的有意义的"行动"），只不过是对某种更深层、更有力的真理、理性或结构的表面特征之展现而已；阐释的目的（telos）就是为了揭示这一真理／理性／结构。然而，后现代符号学拒绝这一内容／形式的对立，而是认同形式／形式的辩证法。在相对主义的后现代理论中，一个所指的形式属性，并不再现某种实在或某种丝毫未变地从能指转移过来的深层结构意义，相反，这些形式属性指向的是另外一些再现的形式属性。不存在作为言语文本和视觉文本之基础的原初事件（originary events）、经验、实在或真理，每一事件和经验都是互文性的符号意义聚合体。因此，所有的文本都指向（而非再现）其他文本，它们积极地从过去的文本中（比如通过直接引述）有选择性地、政治性地挪用意义，正如过去的文本也一样（通过踪迹和散播）挪用新文本的空间，将之作为它们自身政治目标的接续和迁移。这一互文性概念暗含了意义的辩证建构：过去的文本注入到具有文化意义的新文本中，这既使过去的文本中的意义恢复了活力，也使新文本中的意义得到调节；同时，新文本从过去的文本中挪用文化意义，两者共同调节过去文本的历史意义，共同使新文本的政治努力合法化（legitimating）。

　　这一从现代主义的内容／形式对应到后现代的形式／形式辩证法的转向，产生了明确的后果：当所指从符号学意义的等式中被去除后，"实在"变成了"元实在"（metareality），它在每一个新的语境下、在与人类知觉的每一次新的偶遇中得到了重构。换句话说，实在总是已然成为被政治化的、没有原初在场（originary presence）的再现，而话语也总是已然成了元话语

（metadiscourse）。这样，能指的形式特性与其他能指的形式特征相游戏，永远也不期望获得原初真理（originary truth），而总是期望着将听众诱入新的语境，诱入到"意义"不稳定和充满政治味的语境中去。正是通过我们所使用的语言和我们使用语言的语境，意义才得以建构；我们对意义和实在的建构总是有目的的，总是政治性的，总带有制度性权力结构（institutional power structure）的标记，这些制度性权力结构标记产生并制约着实在和意义的种种再现式建构。伯克、利奥塔、鲍德里亚以及德里达，在许多方面影响了这一后现代的政治化再现观念。笔者在以下几页的关注对象，正是他们的语言和意义理论。由于上述每位理论家在政治上都是从各自独特的角度来呈现后现代的再现方式，因此，笔者将依次对他们的作品进行讨论。

大多数人文领域的学者都将1966年视为后结构主义从欧陆走向美国的分水岭。就在划时代的这一年，德里达在约翰·霍普金斯大学召开的一个主题为"批评语言与人的科学"的国际研讨会上，宣读了一篇题为《人文科学话语中的结构、符号与游戏》的论文（Lodge，107）。尽管德里达的《人文科学话语中的结构、符号与游戏》一文在批评史上的确是一个里程碑式的事件，但需要注意的是，在约翰·霍普金斯大学国际会议召开的几年前，伯克就已经对结构主义的再现做出了类似批评。尽管在语言和意义问题上伯克的思考并不全然是后结构主义或后现代的，但是，在对"命名"和"词屏"（terministic screen）问题的讨论中，他的确撇开了他的启蒙主义理想。

在1962年最初发表的《什么是什么的符号（一种关于"命名"的理论）》一文中，伯克颠倒了"词语是事物的符号"这一"常识"（或结构主义）观念，反过来探究"事物是词语的符号"这一命题（361）。伯克追问道：

有无可能发现，词语拥有一种作为词语本性所特有的"精神"？这样，经验之物有无可能实际成了这种精神的物化，成为这种精神在看得见摸得着的肉体中的体现？……如果这样的言语精神（verbal spirits）或精髓（essences）是以非言语事物的形式来得到神秘莫测的象征的，那么其衍生（就其在自然世界产生的缘由而言）就既有可能来自于语言形式，亦有可能来自于语言由其社会工具本性而被赋予的群体动机。（361）

伯克论述道，我们应该将语言视为对复杂的"非言语情境"的"命名"，也就是说：

斡旋于社会领域和非言语本性领域之间的词语，它们给事物传达的是社会强加在词语之上的精神，于是，这些词语变成了这些事物的"名字"。实际上，这些事物是这种精神看得见摸得着的物质体现，通过词语这一媒介，这种精神被灌注到事物之中。（361~362）

这样，语言就不再现事物和观念，相反，它将社会性地建构起来的意义、将某一文化语境中语言力量与修辞力量相互作用而衍生的意义，灌注到事物和观念之中。特定的社会群体，或者伯克所说的"部族（tribes）"，（通过神话、宗教和风俗）发展出一种共通的语言，这种语言可以使个体成员通过伯克后来所谓的"词屏"，以典型的类似方式，来理解非言语世界。

在《词屏》（为初版于1965年的《作为象征行为的语言》一书中五篇总结性论文之一）中，伯克建立了他的戏剧主义（dramatistic）语言研究方法，旨在对抗更常见的科学主义（或结构主义）语言研究方法。按照伯克的说法，"语言的界定和描述能力可以被视为派生的"（44）。换句话说，语言直接从它所再现的实在的力量中获取力量。然而，戏剧主义语言研究方法可以将这一等式（equation）倒过来。伯克认为，"毫无疑问，部族使用的各种惯用语，都是作为该部族生活方式的工具，通过运用而发展出来的"（44）；语言是在其实用性的文化运用中得以创造和维系的，语言通过象征性建构了实在，而这实在构成了某一社会群体或部族的物质性条件。尽管伯克没有否定所有的指称形式，但是，他的确像德里达和其他后结构主义者一样，将意义置于语言中，而非将意义置于实在本身。比如，他论述道："即便某一特定术语反映（reflection）了实在，但是作为术语，其基本属性决定了它必然是对实在的选择（selection），在这一点上，它也必然履行扭曲（deflection）实在之功能。"（45）因此，即便我们赋予语言指称功能——伯克只是愿意赋予语言一点点指称功能——我们也必须承认，我们只有通过语言才能理解实在。伯克总结道，由于语言是通过在文化语境中的运用产生的，因此我们就必须假定，某些术语在文化上的命名支配着我们的认知能力。这些命名或者说词屏，将人们谈论某一事物或政治行为的方式，变成了一个象征性行动的事例。 82

　　尽管伯克的命名和词屏理论对欧陆后现代哲学再现理论并无直接影响，但是，在伯克的理论与欧陆再现理论之间，还是有着显著的相似性。利奥塔从弗洛伊德的精神分析阐释理论入手，进入了关于再现理论的现代—后现代之争。对利奥塔来说，弗洛伊德的应用精神分析学忽略了艺术家在创作时（无意或有意的）的选择。弗洛伊德假设，一件作品的深层意义决定其形式属性，这样，他就把艺术对象当成"等待被穿透的表层"。因此，艺术再现（artistic representation）（在弗洛伊德的阐释体系中）只是起到了"替代或代替功能（substitutive or vicarious function）"。一个艺术对象（art object）存在于某些其他对象缺失了的地方，"而它们之所以在那里存在，只是因为（其他）对象缺失了"。从另一方面看，利奥塔的后现代美学引起了人们对"作品的肯定性品质"的关注（见《超越再现》，158）。在《超越再现》一文中，利奥塔从后现代视角揭示了艺术对象的存在论状态：

> 它们并不替代任何事物，它们不代表（stand for），但是它们自在地矗立（stand），也就是说，它们通过自己的材料和材料的组织（并非是不可避免或必然的组织）实现其功能；同时，它并不隐藏内容，不隐藏作品的力比多秘密，其力量完全在于其表层。只存在表层。（158）

在这里，利奥塔否定了弗洛伊德（以及现代主义）的深层结构观，倾向于一种形式 / 形式的辩证法，一种表层游戏的符号学。之所以出现这一表层游戏观，是利奥塔在《论异识》（*The Differend*）中对传统修辞三角的否定使然。在该文中，利奥塔认为，说话者（编码者）、受话者（解码者）以及指称对象［过去的（各种）文本］是所有交流情境中的关键因素，但是利奥塔与现代主义理论家们不一样，这主要体现在他对意义的看法上（13）。交流之所以能进行下去，是因为指称对象的存在是被假定的，但是当会话者预设了指称对象的不同意义（或者受个人经验和社会倾向制约的不同再现）的时候，交流就被问题化了。缺乏这种意义观的现代主义交流模式的假定，只需参考所讨论的指称对象（无论通过经验观察还是逻辑推断），争端即可获得解决。然而，正如利奥塔所表明的，后现代的交流模式，却假设指称对象的任何超验性和普遍性，都受到会话者所预设的指称对象的不同意义或再现的阻挠。我们个人生活和文化史中的经济、政治和社会力量，建构了我们的各种知识论，反过来这一知识论又建构了我们从各种指称对象获取而来的意义。

在《海德格尔与"犹太人"》一书中，利奥塔讨论了现代主义的再现概念所产生的后果。利奥塔认为，现代主义的再现的真正功能，不是再现（或阐明）某一特定实在，而是隐藏各种互相对抗的政治化再现，是让我们尊崇（所设想的）再现，忘却其他各种再现（3～5）。在这一方面，现代主义的再现起到了一种社会政治功能：那些拥有语言和大众媒体权力的人也拥有再现的权力，拥有对被记起和被遗忘的东西的权力——对知识本身的权力。正如利奥塔所表明的，后现代的欲望是要挣脱这种受再现引诱而产生的出神状态，这一欲望"意味着抵抗遗忘，抵抗对已被建立起来的那些东西的不稳定性、那被重建的过去的不稳定性的遗忘"（10）。因此，艺术和语言并不再现实在，它们建立新的实在，新的实在又取代艺术和语言所代表的那些旧的实在。利奥塔的表层游戏，成了对现代主义再现幻象的另一种重要的后现代选择：语言指向作为踪迹和语境的语言，但它并不再现实在；艺术指向作为踪迹和语境的艺术，但它并不再现深层结构意义。语言和艺术玩的是一种表层符号游戏，游戏的规则要求积极参与到再现的游戏、经验的建构以及观念的竞争中去。只有通过生成反再现（counter-representations），社会变革才得以发生。

与利奥塔一样，鲍德里亚通过弗洛伊德的作品参与到对再现的讨论之中，他在《诱引》一书中，最清楚无误地表达了对精神分析阐释理论的不满。精神分析阐释假设，潜藏的话语将显性的话语转向真理和意义。因此，这一显性话语"拥有外观的状态，一个矫揉造作的（laboured）、被意义的出现所穿越的外观"。在弗洛伊德的精神分析中，阐释"打破了外观和显性话语的游戏，通过与潜藏的话语打成一片而传递真正的意义"（53）。但是，鲍德里亚并不认为精神分析的阐释是有价值的"词屏"，可以让人透过它来理解世界。相反，鲍德里亚把"引诱"作为一种

84

后现代实践，提供给了我们的后现代文化。与阐释相比，"引诱"使显性话语返回到潜藏话语，"目的是使显性话语无效，进而替代掉外观的魅力和幻象"（53）。弗洛伊德意义上的深层结构意义是不存在的，只有幻象和外观［拟像（simulacra）］存在。原初指称（originary reference）（对实在的指称、真理）被替代为对并无明确来源的模型的指称。在鲍德里亚看来，引诱"代表着对符号世界的掌控"（8）；真正重要的唯一一件事，是掌控外观的策略，来对抗存在和实在的力量"（10）。

在其大部分作品中，鲍德里亚（又和利奥塔一样）也提出了一种作为表层游戏的再现理论。在鲍德里亚的后现代世界中，语言和艺术假设了仿真（simulations）和拟像（simulacra）的形式。在《仿真》一书中，鲍德里亚认为，尽管现代主义再现者试图使他们的语言再现与真实事物相一致，但是，"仿真者"却"试图使真实的事物、所有的真实事物与它们的仿真模型相一致"（2）。现代主义意义上的真实事物完全消失了，"随着它消失的还有全部的形而上学"（3）。对于鲍德里亚而言，"仿真始于对全部指称物（referentials）的清除"（4）。只有擦除了所指，能指才能够被视为一种社会建构，再现才能够被视为政治化的东西。鲍德里亚描述了近期历史中出现的四个"前后相继的形象（image）发展"阶段：最初，形象是对某种基本实在的反映；其次，形象掩盖和篡改基本实在；第三，形象掩盖某种基本实在的缺席；最后，形象与任何实在都没有关系，而只在各种拟像之间运行（11）。形象的前两个阶段预设了一种基本实在，形象要么反映要么掩盖这一基本实在。但是，在第三和第四阶段，实在自身就是一种形象。最后两个阶段标志着模型前行的时代、拟像前行的时代，在这一时代中，形象构成了我们的实在，这些形象貌似真实，以至于它们"比真实还要真实"。我们身处仿真的时代，鲍德里亚将这个仿真的时代定义为"用模型生成一种没有本源或实在的真实：超真实"（2）。在形象的第三和第四阶段，"再现性（表征）的想象物……与仿真一起消失了"。这一再现性想象物的失去，"发生在全部形而上学中。再也没有存在（being）及其外观之镜，再也没有真实（real）及其概念之镜了"。在这里，"真实从微型化的装置（units）中产生，从母体、记忆库和命令模型中产生，有了这些，真实就可以无数次地被复制出来"（3）。再现"始于符号与真实事物等同这一原则"。与此相反，仿真始于"对作为价值的符号的彻底否定，始于符号作为每一指称的逆转和死刑"（11）。

　　利奥塔和鲍德里亚是从弗洛伊德精神分析的角度来研究再现问题的，德里达则从他的翻译概念和游戏、踪迹、延异及散播等概念入手，来研究此问题。德里达与许多后现代同行一道，否定语言和艺术再现某种绝对真理（Truth）、普遍意义或超验所指。理解德里达研究再现问题之路径的关键，是要明白他谈到的两个完全不同的再现概念，一个是现代主义／结构主义的、不可接受的（他大加挞伐的）概念，另一个是后现代主义／后结构主义的、必要的（他所接受的）概念。德里达拒绝现代主义再现的封闭（closure），但（像利奥塔和鲍德里亚一样）为游戏、踪迹、延异以及散播的后现代主义再现留出了空间。

　　对德里达来说，要让交流成功进行，再现是必要的，然而，德里达反对的是现代主义再现的封闭。现代主义的再现通过两个错误假设达到这种封闭：（1）被再现的事物是一种超越语境对意义影响的普遍在场；（2）再现以一种不同但完全对应的符码来再次呈现这一在场（参Sending，295～326；Speech，48～59；Theater，232～243）。在《发送：论再现》（Sending：On Representation）中，德里达以翻译为例，阐述了他对现代主义再现概念的看法。现代主义翻译观在每一个词或语义单位后面预设了一个"恒定的意义同一性（identity）"，每种语言都会以

85

同样的方式再现那个恒定不变的意义（303）。这样，以一个普遍的指称对象、一个超验的所指作为基础，不同语言就可以被自由地替换，一种语言替代另一种语言，而意义和旨趣不会有所损益或歪曲。按照德里达的观点：

> 这种假设或欲望正是再现的假设或欲望，是一个再现性语言的假设或欲望，这一再现性语言的目的是再现某种东西（从代表在场的全部意义上去再现，从再次翻译当下的全部意义上去再现话语的重申，在用一种呈现替代另一种不在场的呈现中去再现，如此等等）。这样的语言会再现某种东西，某个意义，某个对象，某个指称物，甚至再现先在或后在于再现的另一任何意义上的再现。在来自不同语言的词语的多样性下，在同一词语使用的多样性下，在语境或句法系统的多样性下，同样的意义或同样的指称对象，同样的再现性内容，都将保持它不可亵渎的同一性。语言——每一种语言——都会是再现性的，都是一个再现物组成的系统，但是被再现的内容、被这一再现所再现的东西（一个意义，一个事物等）将会是一个在场，而非再现。被再现的东西不会具有再现的结构，不具有这一再现物的再现性结构。语言将是一种再现物系统，也是一种能指系统，是占位符（place-holders）（*lieu-tenants*）系统，这一占位符系统可以因其所说、所指示或所再现的东西而被替代，而再现物的多样性不会影响这种统一性、同一性，甚至不会影响被再现的东西的最终的单一性（simplicity）。（*Sending*，303~304）

体现在关于翻译本质的传统概念之内的现代主义再现理论认为，处于再现功能中的语言，通过完全相同的复制品取代在场的实在。由于不同的语言以同样的方式复制在场的实在，从一个复制品跳到另一个复制品，永不失去与每一个复制品所再现的实在的联系，就成了很容易的事情。然而，我们会看到，德里达否定了这种再现即替代的现代主义观念。

同利奥塔和鲍德里亚一样，德里达反对通过语境符号学获得意义普遍性的这一现代主义观念。德里达认为，现代主义哲学"以极度矫揉造作的方式，在从每一个语境和每一个使用价值中抽离出词语的过程中，将词语推到了含混的极致，仿佛一个词语只要以任何语境化功能概念为基础，就应该能够自我调节似的"（《发送：论再现》，301）。当然，这一做法是误导性的，因为所有的语言都存在于某一具体的、使交流充满了政治化意义的语境之中。德里达这样详细阐述道：

　　要是从报纸上我读到或者从收音机中听到某个国家的外交代表和议会代表（representatives）受到国家元首的接待，或者罢工工人代表，或者学童父母代表组成代表团到部里去谈判，如果我在报纸上读到今晚会有某场剧目上演，或者某某绘画代表着这样或者那样，等等，我能毫不含糊地理解这些东西，我不会双手抱头冥思苦想其意义。很显然，我具有某一社会状态下和教育制度下所要求的能力……假如词语永远是在某一注定会正常地保证它们正常履行其功能的（假定的）语境下履行其功能，那么，在每一个这样的确定性语境面前，或这样的确定性语境之外，这些词语能够意味着什么？对这问题的追问，（可以这样说）就是一种病理学或者语言功能性障碍研究。这一图示是众所周知的。对某一特定语境面前或某一特定语境之外的"再现"的名与实进行哲学上的追问，正是这种功能性障碍研究的范式。它必然导致不可解决的问题，或者导致毫无意义的语言游戏，或者，更进一步说，会导致哲学家严肃对待语言游戏的同时，却不明白

87

在语言的运作中究竟是什么使得这一游戏成为可能的。照此观点，"再现"的名与实将不会是一个将哲学风格或哲学模式排除在语言之外的问题，而是一个承认哲学风格或哲学模式在他者之间占有重要地位的问题。我们作为哲学家所理解的过去几百年或几十年前的"再现"一词，会或多或少融汇到一整套符码和用法之中。这也会成为其中一个语境可能性。（*Sending*，319～320）

在现代主义对普遍意义的追寻过程中，德里达所说的这种病理学或语言功能性障碍研究，一直受到语境指涉的抗阻。当语境（而非某种普遍性的语义内核）决定意义的时候，就不可能存在超验的所指。

如果语境将意义充塞到语言中，如果不存在可让人参照的、使语言规范化和普遍化的超验所指，最后，如果再现不会被完全抛弃（thrown out），那么，再现必须采取什么形式才能在这一情境符号学中履行其功能呢？德里达通过揭示现代主义的再现根本就不是再现而解决了这一问题。由于再现所呈现的是一个与它所替代的原先的呈现（presentation）不同的语境，因此它也必须呈现一个不同的、独立于任何共同语义核心之外的意义。德里达认为，唯一真正具有重复性和再产性的再现，是那种基于散播（dissemination）而非在场存在（present-being）之上的再现。在散播中，踪迹和延异通过全部的交流永远地、不可避免地再现它们自身。在交流中，踪迹与延异是以"回指"（renvois）——一种送回——的形式出现的（*Sending*，324）。对德里达来说，对每一新语境中以社会性方式建构起来和政治化的踪迹和延异的延迟（deferral），使现代主义的再现的封闭这一问题得到了解决。这样，对德里达来说，现代主义的在场概念是谬误的，因为，凭靠踪迹和延异，所有的"在场"都成了政治化的再现。

有趣的是，（伯克、利奥塔、鲍德里亚及德里达谈到的）这些关于再现的后现代再现，与高尔吉亚关于再现的智术师再现，有交叉之处。首先，对高尔吉亚和伯克来说，语言并不再现实在，相反，实在再现语言，因为语言就是赋予围绕着我们周围的事物以意义和可理解性的那种力量。高尔吉亚在其《论非存在》的第三个命题中写道："语言不是外部的再现，反而是外部成了语言的能指。"（B3.85）这一段落值得注意，它比伯克的《什么是什么的符号》（*What Are the Sign of What?* ）和勒夫的《寻找阿里阿德涅的线团》要早出现2400多年。如果语言在存在物中注入意义和秩序，那么存在物就是对人的语言和思想的表层显现；当文化影响语言的习得和使用时，实在本身就必须被视为是社会建构性的，被视为是修辞性的。

　　第二，对高尔吉亚、利奥塔和鲍德里亚来说，如果实在真的对语言产生影响，其影响也至多是不确定的，因为在知觉的阐释过程中，意义经历了某种变化。换句话说，我们所传达的是语言而非实在；我们所传达的语言，一旦被对话者接收到，就变成了完全不同的语言。即便实在在知觉过程中不经历这样的变化，人的理解能力的缺陷性也使人无法获得任何一种"真正的"知识。在《海伦颂》中，高尔吉亚暗示，如果人能准确地记住过去，对当前有真实了解，对未来有可靠预见，那么语言对观众的影响就不会不稳定了。然而，由于观众难以记住过去、细查当下、预见未来，语言就无法通过指涉某些深层结构意义而履行其功能，因为这样的意义根本就不存在。相反，语言的影响，大多都来自结构和风格的形式特性（请回想一下，在公共论辩和诗歌中这些影 89
响经常是负面的）。

　　最后，对高尔吉亚和德里达来说，交流的语境与意义这一被交流的事物紧密相关。换句话说，高尔吉亚和德里达都认为，语言是情境限制和"从外部对我们产生影响"的环境的结果（《论非存在》，B3.84）。因此，如果修辞不考虑交流语境，它就错过了产生于某一特定情境中的、整整一半的意义。在《帕拉墨德斯之辩》中，高尔吉亚特别强调了修辞语境在主人公（帕拉墨德斯）对性情（*ethos*）的讨论中的重要性。为了驳斥奥德修斯指控他犯了叛国罪，帕拉墨德斯必须证明他自己的性情是无可非议的。但是在古希腊，除非是在诉讼案中一个人的品德受到他人质疑时可以自我褒扬，否则，自我褒扬就被认为违背了社会习俗。因此，在这种特殊的修辞语境下（与许多其他可能的语境相对照），尽管帕拉墨德斯做了自我褒扬，但其褒扬仍然是得体的，因为这一语境允许自我褒扬，甚至使自我褒扬成为必须。

尽管高尔吉亚和后现代智术师相隔2500年，尽管他们写作产生的语境确实不同，但是，他们对语言如何获得意义的描述却极其相似。在本章接下来的部分，我将通过典礼修辞的具体对比，探讨这种后现代／智术师的再现观所产生的修辞后果。我所称的后现代典礼修辞（postmodern epideictic rhetoric）或者涂鸦式非纪念性话语（graffitic immemorial discourse），是一种后现代智术师的策略，这一策略基于这样一个假设：语言的运用必定是政治性的，并受语境的束缚。

后现代典礼修辞：涂鸦式非纪念性话语

修辞体裁（genres）是从某些经济、政治以及社会情境的情势（exigency）中产生出来的历史建构，随着这些情境的变化，我们必须相应改变对修辞体裁的典型形式和功能的看法。在《学会诅咒》（*Learn to Curse*）一书中，格林布拉特（Stephen J. Greenblatt）认为，典礼体裁是"一种公认的集体实践，但是这一实践的各种社会条件——使该体裁成为可能的环境以及该体裁呈现的对象——可能会发生变化，以至于破坏掉这一形式"
（101）。从智术师之后的古代时期到20世纪的现代性，在典礼
体裁上公认的集体实践，给同源的、独白式的、逻各斯中心主义 90
的褒奖性与责难性的种种话语，带来了好处。正如利奥塔在《论
异识》中指出的："一种话语体裁将某种独特的目的（finality）
印刻在各式各样的异质性词组上。"（129）一种体裁压制多重
声音，突出某个单一的主流声音。而智术师之后和后现代之前
的文化中所运用的典礼体裁所起的功能，就是将异质话语纳入
一个单一的、使某一主流文化的社会实践合法化的（普遍性、
支配性、宏大性）叙事之中。然而，在20世纪后期，后现代文
化理论使得传统的、亚里士多德式的褒奖与责难式的典礼修辞观
无法立足了，为这种修辞范畴再次得到转换创造了一种新的情
势。赛义德会说，典礼修辞已经"旅行"到后现代性中，但是我
们还未对它在后现代文化中的新特性或新功能进行足够的理论
思考。我认为，后现代性中的典礼修辞已经远离了它作为褒奖
与责难话语的亚里士多德式特征，而（回）转向了前类型性的
（pregeneric）、颠覆性的智术师"原点"，并（在其旅行过程
中）转化到了涂鸦式非纪念性话语之中。

　　希腊名词*epideixis*（展示）的语义历程复杂而且充满浓厚的
政治意味。在该词出现的早期，*epideixis*指的是任何展览、展示
或示范，无论是修辞性的还是其他方面的。在公元前5世纪，该
词开始指代某些话语类型：（与私人话语相对的）公共话语，
（与实用话语相对的）展示话语。在公元前4世纪，亚里士多德
在《修辞学》中将*epideixis*一词技术化了，将其变成了今天许多
现代学者所以为的典礼修辞（epideictic rhetoric），这样，他就
在两个方面改变了早先的（智术师）典礼修辞概念。首先，他移
除了典礼修辞与辩证法相对立的意义（1354a），由此也取消了
它与私人话语和实用话语的对立；其次，他赋予了典礼修辞一种

体裁的地位（1358a–b）。

在《修辞学》中，名词 *epideixis* 变成了形容词 *epideiktikos*，修饰 *logos*［亚里士多德笔下神（God）的一个语词］，并且被认为是三种主要的修辞之一：政治修辞（*symbouleutikos logos*）、法庭修辞（*dikanikos logos*）及示范或典礼修辞（*epideiktikos*）。在亚里士多德的典礼体裁中，可以拿来被褒扬或责备的东西有：美德（包括正义、勇气、自制力、宏大气派、心胸宽广、慷慨大方、温柔、谨慎、智慧），恶行（包括不义、胆怯、缺乏自制、心胸狭窄、小气、吝啬），光荣的事物（能产生出美德的事物、由美德引起的事物），及可耻的事物（产生恶行的事物，或者由恶行引起的事物）（1.9.1～27）。亚里士多德将褒扬美德和荣誉的典礼话语分为 *epainos*（某一主体内在美德或精神的褒扬）和 *enkomium*（对某一主体的行为的赞扬）。*psogos*，也就是批评（或责备）恶行与无耻的典礼话语，其特征可以通过与 *epainos* 和 *enkomium* 的特征的对立而获得（1.9.41）。

正如柏林在《语境中的亚里士多德修辞》一文中指出，典礼修辞中的这些褒扬—责备对象明显标示着阶级差别：只有富有的土地拥有者才会心胸宽广、慷慨大方；正义、谨慎和智慧是伴随着公民教育的，而公民教育则是属于有闲阶级的奢侈（55～64）。亚里士多德式的典礼修辞，其目的是把以物质为基础（material-lived）的文化归入一种关于得体的公民举止的霸权性宏大叙事之中，从而建构和维持统治阶级的社会统治地位。正如亚里士多德所指出的，说服证据在典礼话语中并非必须，因为听众并不质疑演说者这一论断的真伪（truth value）——"事实必定是可信的，演说者很少为它们给出证据"（3.17.3）。换句话说，听众不加批判地将典礼话语中所表达的价值观念，融入到了他们自己的公共性和私人性文化实践之中。正如亚里士多德所言，典礼演说家"应该使听者觉得自己也受到了褒扬"

（3.14.11）。然而，受到褒扬的美德是属于统治阶级的。通过放大被群体性地接受的行为准则，即统治阶级的准则，通过将真实事件理想化，典礼修辞就起到了维持霸权结构，压制被边缘化的阶级的解放欲望的功能；它将现状中的权力关系之网，织入到社会的文化织体当中。

　　由于智术师的典礼修辞，常常被描述成仅仅为一般的大众消费而创作的展示性修辞（Chase，293：Guthrie，41~44），顺着亚里士多德的思路，典礼修辞真正的颠覆性潜力，以及它对个人修辞情境的独特情势的依赖，经常被模糊了。然而，塔克斯·波拉克斯注意到，古典典礼修辞"揭示了社会参与者所具有的、通过表达其对社会秩序各种看法而使其成为社会行为者的才能"。换句话说，典礼演说术一直是用政治化的语言来再现被感知到的（perceived）价值观念，任何文化群体的演说家都有潜力（不管实现与否）去再现其眼中的社会价值观念，也不论是什么现状。塔克斯·波拉克斯接着说道：

　　　　由于典礼演说术被认为是对社会秩序进行批评或转化的 92
　　场所，典礼演说术这一体裁不能再被看成是一个稳定的场
　　域，在这个场域里，传统留下其不可更改的痕迹并获得超越
　　时间继续存在的可理解性。情况应该是，构成典礼演说术传
　　统的作品的整体，必须被理解成一个历史语域，它为我们提
　　供了一种不同时代、不同社会中的参与者之间的各种相互冲
　　突的价值评判这一遗产。这样，阐释行为……就给探索具体
　　社会中具体价值观念发生争论的各种矛盾和斗争，提供了一
　　种场合。（*Cultural*，161）

　　典礼修辞并不一直代表主流价值观念，在亚文化语境中，提升颠覆性价值观念的可能性一直是存在的。正如阿多诺（Theodor

W.Adorno）所言，"恒流之水滴，可以穿巨石"（134）。

康塞尼（Scott Consigny）认为，"高尔吉亚运用典礼文体，是把它当成挑战其听众的基础主义假设的一种工具"（见 *Sophistic Challenges*，134），这与亚里士多德将典礼修辞描述为无可争辩的主流话语，可谓相去甚远。康塞尼接着说道：

> 在其现存四个（典礼）作品中，高尔吉亚给他的听众都造成了一种"理性危机"，暴露了观众青睐的语言的内在局限和不足，从而要求观众以新的方式面对当前的危机。在这些作品中，高尔吉亚实际上是在观众面前而非在"自然"面前举起了一面镜子，展示了观众自身语言的任意性，以及观众如何受到这种任意性的欺骗。（113）

塔克斯·波拉克斯认同智术师的典礼演说术"从内部"破坏了现状话语（status quo discourse）的这一说法，他认为，在高尔吉亚的*Epitaphios*（葬礼演说）中，智术师使用的正是这一体裁的形式特征本身，以批评他所继承的"制度实践"（*Historical*，91）。

除了其潜在的颠覆性外，智术师的典礼演说辞也是在各种修辞情境下创作和发表的，因此，其发表的社会政治语境决定了其意义，也决定了它们的指称内容。正如康塞尼指出的：

93
> 在其典礼演说辞中，高尔吉亚看上去违背了评价推理和风格的传统标准，因为他所展示的技能是多种话语中较为普遍的一种，每一种都有其自身的推理方式和风格。高尔吉亚并未坚持普遍的标准，而是认为评价推理和风格的标准，与该文化中具体的、被任意接受的各种话语息息相关。（*Gorgias's Use*，283）

　　贯穿高尔吉亚作品中的一个中心主题，就是古代的时机概念，即正确或适宜的时刻这一概念。在高尔吉亚之前，时机这一术语主要用来指织布的人将线穿过织布机上瞬时形成的小孔的能力，或者指射手运用空间中细小的、可以帮助他将箭头瞄准靶子的孔洞的能力。然而，高尔吉亚与他的前辈们做法不同，他将这一有用的概念运用到语言上，在此过程中构建了一种修辞语境学说（康塞尼，*Gorgias's Use*，284～285）。

　　后现代典礼修辞与智术师典礼修辞一样，是涂鸦性的（graffitic），因为其符号从社会文本的语境中获得的意义，与从其所指称的内容中获得的意义是一样多的。同样，与智术师典礼修辞一样，后现代典礼修辞是非纪念性的（immemorial），因为其首要目标是颠覆统治阶级的霸权式话语。在《海德格尔和"犹太人"》一书中，利奥塔认为，一种现代主义的（亚里士多德式的）、作为褒扬—责备话语的典礼修辞概念，是按照某种"遗忘的政治（politics of forgetting）"（4）来运行的："它要求遗忘可能会质疑共同体及其合法性的那类东西"（7）。换句话说，产生典礼话语的情势预示着某种文化危机。正如利奥塔所言，"由羞耻和怀疑带来的痛苦能陶冶那些可敬、确定、高尚和正义的人"（8）。另一方面，后现代典礼修辞（涂鸦式非纪念性话语）并不褒扬那种具有鲜明统治阶级意识形态特征的、由社会建构的品德，也不批判（或责备）与该意识形态相对立的恶行，相反，涂鸦式非纪念性话语所代表的是那些没有呈现出来的东西（被统治阶级意识形态的霸权逻辑所压制的东西），它反向再现了被纪念的再现物，创造了颠覆性的纪念物和非纪念性的颠覆；它使社会文本语境被移动、被碎片化，颠覆性地将主流符号置于充满矛盾的场景中，将充满矛盾的主流符号摆弄成一幅颠覆性的拼贴画。

　　在后现代典礼修辞中，涂鸦式符号由那些以互文性（语　94

境性）[inter(con)textually]方式无处不在的图画性（涂鸦性）[graph(it)ic]能指（对涂鸦式非纪念性话语的图画式展现）来构成，这些能指在社会—文本语境这一寄主之中颠覆性嬉戏，这一嬉戏将语义能量灌注到这些图画性（涂鸦性）能指之中。涂鸦式所指并不存在，它们不过是启蒙人文主义者的精英主义幻觉。但是，即便涂鸦式所指真存在，社会—文本寄主语境也会窒息它们产生或影响意义的潜能。按照德里达的说法，"每一个符号"，

> 都可引用，都可置于引号之间，这样做的时候，符号就可以离弃每一给定的语境，以一种绝对无限的方式产生无限的新语境。这并不意味着标记（或书写符号）离开某语境就失去效用，相反，它意味着只存在着没有中心或没有绝对锚定（anchoring）的语境。（*Signiture*，320）

后现代典礼修辞（涂鸦式非纪念性话语）实践，正是此种引述（citation）或引用（quotation）的实践，是此种将图画性（涂鸦性）能指从它们的现存语境中移除，然后将其嵌入到另外的颠覆性话语中的实践。后现代典礼修辞是从两个方面来构建颠覆性意义、挑战霸权话语的"传统智慧"的：第一，将所指移植到其他语境中，颠覆所指或语境，或将所指和语境同时颠覆；第二，将所指放入碎片式的、逆喻式的（oxymoronic）拼贴画语境中，然后通过比较，颠覆每一能指对真理（Truth）的声称（claim）。

我们大都熟悉"鱼"这一象征符号在基督教中的不同表现形式，在这个象征符号的拼写结构中，常常包含一个十字架或"耶稣"这个词，或者希腊词"*ΙΧΘΥΣ*"。在公元纪年的头两个世纪里，鱼的象征符号与基督教，特别与基督有密切关联。用来指鱼的希腊语*ΙΧΘΥΣ*被看成是一个字谜，来自*Ιησους Χριστος Θεον Υιος*

$\Sigma\omega\tau\eta\varrho$，后者大致可译为"耶稣基督、上帝之子、救世主"。但是，由于某些涉及公立学校课程的审判案受到公众的高度关注，创造—进化之争论便开始升级，此时，进化论者便将后现代典礼修辞（涂鸦式非纪念性话语）当成颠覆创世论者的公共途径加以运用。进化论者复制了基督教的鱼这一可辨识的符号，但给它加了几条腿，并用"达尔文"一词替换了"耶稣"和"$IX\Theta Y\Sigma$"这些词。换句话说，进化论者并没有直接进行驳斥，而是将这个基督教的象征符号与进化的一个主要能指（"达尔文"）结合起来，从而颠覆了基督教对鱼这一象征符号的运用，把它融合到了进化论者自己的意识形态框架之中。然而，创世论者的发言权是最少的（至少就我所看到的而言），因为他们已经构建了另外两个形象，对进化论者颠覆基督教鱼的象征符号进行了颠覆。第一个形象展示的是一块墓碑，上面有长了腿的"达尔文"鱼，这条鱼是头朝下颠倒着躺着的，上面附有文字说明——"现在连达尔文都相信了"。第二个形象展示的是长了腿的"达尔文"字样的鱼，这条鱼游到了一个更大的、身体里铭刻着"真理（TRUTH）"一词的"鱼"的大张着的嘴里。这一次，创世论者也没有直接进行驳斥，而是通过颠覆进化论者对象征符号的颠覆，改良了（reclaimed）自己的象征符号，这就是第一类后现代典礼修辞中那种典型的颠覆。

对拼贴画的某些运用，也可以是涂鸦式非纪念性话语的形式，这种对拼贴画的运用常常归入第二类后现代典礼修辞中。在普渡大学（Purdue University），每年都有一些女大学生角逐返校节舞会皇后。该赛事的其中一项，就包括将这些女性的个人照海报悬挂在私家商店橱窗中，以及挂在印第安纳州拉西拉法耶整个城市的布告牌上。这些海报充斥着普渡大学整个校园和周围的城区，对那些不参加这种一年一度的从二维角度展示女性美的店铺，学生们常常会加以抵制。按照支撑这一赛事的主导性逻辑，每一位返校节舞后候选人的海报都再现了身体之美，这些照片是美丽女性所指的能指。然而，拉法耶打折窝（Lafayette Discount Den，这是一个售卖光盘、糖果以及化妆用品的小零售店）每年都要使用拼贴画形式的后现代典礼修辞（涂鸦式非纪念性话语），以此方法来颠覆这种一年一度的习俗。每年秋季学期，拉法耶打折窝都会搞到返校节舞后候选人的海报照，然后创制出一个拼贴画：拼贴画本身是由从12张左右的海报照或不同的海报照上剪接下来的身体部位汇集而成；这些身体部位可能是一个女性的鼻子，另一个女性的嘴，另外一个女性的脖子，两只不同的眼睛，一双不一样的耳朵，一对不同的面颊，当然，还有难看地组合在一起的这些女性的头发。拉法耶打折窝既没有褒扬这些女性端庄的美德，也没有责备在公共空间展示女性身体以强化父权价值观念这一做法，相反，它选择了参与到这一年一度的活动中，目的是为了颠覆这一习俗。年度拼贴画的制作者们从海报中采纳了最美丽的图画性（涂鸦性）能指（最美丽的身体特征），然后将它们汇编成一个怪诞的碎片式的图画性（涂鸦性）能指，而没有可识别的指称对象，没有可识别的涂鸦式所指。

96　　产生于统治阶级的意识形态，由被动的观众不加批判地接受的亚里士多德式褒扬—责备话语，已经不再是后现代性最主要的文化生产修辞方式了。自越战伊始，发端于多元政治主体性的后现代典礼修辞（涂鸦式非纪念性话语），通过颠覆性的符号学，生产出了文化。鉴于后现代典礼修辞在当代话语（特别是传媒中）所起的突出作用，发展出对消费和创作涂鸦式非纪念性话语的策略，便成为至关重要之事。当然，完成这一任务的最有效手段就是文化研究。文化研究由各种跨学科批评策略混杂而成，这些批评策略考察的是具体社会、经济及政治语境下发生的日常社会实践；从事文化研究的人力图理解社会群体和社会制度如何（通过政治化的再现）生产文化，如何（从多元主体和矛盾主体立场）消费文化，以及如何（根据社会性地建构的合法化的本地化模式）分配他们所生产的文化。在《编码—解码》一文中，霍尔（Stuart Hall）认为，我们不必以被动的主体身份去顺应质询我们的主流话语；我们必须同时学会协调和抵制这些话语，生产出另类的、颠覆主流的话语，为更平等的社会形态开创各种可能性的话语。那些学会了协调或抵制主流霸权图画性（涂鸦性）能指的人，那些学会了创造颠覆性图画性（涂鸦性）能指的人，将会在一定程度上掌控他们自己的文化生活，否则，他们将无法作这样的掌控。这样，通过文化研究，我们就能形成并占据极具批评性的主体位置，就能利用这一位置去消费和创造后现代的典礼话语（涂鸦式非纪念性话语）。

第五章

全球村、多元文化主义与智术师修辞的功能

柏林（James A. Berlin）在其最后一部也是最具衍生力的著
作《修辞学、诗学和文化》中认为，修辞理论与实践既是特定
经济、政治与社会条件的产物，同时也是它们的生产者。我认同
柏林这一不言自明的假设，因此，在本书最后一章的修辞讨论之
旅中，我首先提出如下问题：如果我们都同意（当然不是所有人
都同意），当前及未来的经济、政治和社会条件可以被描述为一
个全球村，那么，全球化的各种状况正在如何影响、将会如何影
响，以及应该如何影响我们现在和将来的修辞理论与实践？在本
章的后面部分，我将认为，智术师，特别是高尔吉亚的时机（恰
当时刻）学说，是驾驭竞争性话语的一种非常有效的手段，而全
球村时代的交流的典型特征，正是这一竞争性话语。

首先，我们得问一问，"何谓'全球村'"？全球村是一种
真实的也是一种想象性的空间，是一个由于旅行和信息技术的急
剧进步而引起不同文化相互遭遇的接触地带。全球村是真实存在
的，因为，事实上，我们物质存在的某些变化正在使曾经隔绝的
不同文化相互接触；它同时也是想象性的，因为下文提到的许多
文化理论家对全球村的描述各有不同，多有曲解之处。某些引起
对全球村产生兴趣的物质变化，可谓令人吃惊。譬如说，航空旅

98 行技术在短时间内进步神速：许多出生在19世纪和20世纪之交的人亲眼目睹了霍克（Kitty Hawk）的第一次飞行（1903年），从美国到爱尔兰的第一次横跨大西洋飞行（1919年），第一次超音速飞行（1947年）以及第一次人类太空飞行（1961年）——这一切都是在这些人一生中不到60年的时间内就目睹到的。信息技术在几年之内也以几何级数的速度提升。尽管电话和收音机是在19世纪和20世纪之交被纳入使用的，但是直到"二战"之后，电视都还不是人人都能看得到的。更令人惊奇的是，发明于20世纪三四十年代的计算机，直到20世纪70年代才为大众所使用，当时，第一批微型计算机、文字处理器以及相关软件才刚刚问世。尽管第一个网络式电子邮件系统PAPANET创立于20世纪60年代，但互联网和万维网直到20世纪八九十年代才开始普遍使用。旅行和信息技术的突飞猛进，产生了全球范围的"接触地带"。路易斯（Mary Louise）将"接触地带"定义为"地缘与历史分隔的民族相互接触并建立持续关系的空间，一般涉及产生压制、种族不平等和难以处理的冲突的各种环境"（34）。不管是好还是坏，全球接触地带是确实存在的，并且在某种程度上被想象为是存在的。按照纳泽尔（Hisham M. Nazer）的说法，"当每一种文化（无一例外地）第一次被迫考虑其他文化的时候，即使是最保守的评论者，也会毫不犹豫地将这样的时代称为人类的转折时代"（6）。

在论述全球村的话语方面，至少出现了四种不同的立场，每种立场都有其长处与争议之处。首先，有些学者认为，全球村理论多半是一个神话，一个夸张的风趣说法，或者是一厢情愿的空想。比如，赫斯特（Paul Hurst）和汤普森（Grahame Thompson）就认为，国际贸易过程根本就没有产生出一个全球文化，那些对所谓的全球村进行想象的人这样做，是为了某些不切实际的乌托邦目的。当然，这种立场，尽管其着眼点在于否定全球村，但是它好像在任凭真实的全球化现象本身不加遏制地发展——谁拥有知识和资本，谁就可以主宰全球化。

其次，另外一些学者热情欢迎全球村的到来，他们认为，这种乌托邦"空间"不仅是信息技术和多元文化交流变迁的结果，而且也反映了人类认知水平的演进。例如，麦克卢汉（Marshal McLuhan）和鲍尔斯（Bruce Powers）就认为，全球村是人类思想认知过程中，由技术引起的、从大脑左半球占主导地位变迁到大脑右半球占主导地位的物质结果。然而，这种认知进化立场存在的明显问题就是，麦克卢汉和鲍尔斯天真地忽略了那些媒介技术的创造者和控制者的西方式、资本主义式的政治目的，这些人运用这一令人畏惧的力量，试图改变人类的意识。比如，纳泽尔就认同麦克卢汉和鲍尔斯的论点，但是他却将全球化描述为一个具有潜在邪恶性的过程：

> 在互联网和全球通信时代，控制人们的意识已经成了人类关心的事业，成了那些希望将某一普适性的（西方的）看法强加在一个完全敞开的、完全未隔绝的世界之上的人们的目标。这一（在很大程度上属于资本主义举措的）做法的主要目的，就是通过技术运用进入到其他人的主体性中，同时通过符号和图像进入到对流动性意义的预测之中。随着这一技术扩张的前行，随着人类运用该技术的系统越来越复杂化，很快，一个超越军事和经济手段的力量将成为实在。

对纳泽尔而言，全球化进程中的的确确发生了一个认知上的变化，但是，正如麦克卢汉和鲍尔斯所认为的，这是一个走向西方普遍主义的潜在变化，不是一个走向某种更具创造性能力的变化。

第三，还有一些学者怀着某种矛盾心理，他们将全球村视为一个必须用具体跨文化交流策略来处理的多元文化实在。诺兰

（Riall W. Nolan）将这种立场总结为：

> 我们发现，全球化并非全部意味着同质化，恰恰相反，全球化意味着我们现在必须正面、远距离对付多样性……在这个新的全球环境中，无论我们是否视自己为这一新全球环境的竞争者或合作者，我们都未准备好去应对它给我们提出的新要求。（1）

另外一些人将这种全球性多元文化实在视为一个通过文化交流而学习和得到成长的机会，一个在全世界会产生更民主、更人道的权力结构的机会。在大多数情况下，采纳这种不加批判的多元文化方法研究全球村的学者，都提出了跨文化交流的策略，目的是在不同的人之间培养和平[参诺伦（Nolan）及巴恩朗德（Barnlund）]。然而，正如安格（Ien Ang）指出，"多样性的存在"根本就不是什么"摆脱权力和统治的证据"（202）。况且，还有一些学者，包括狄斯蒂芬诺（Joseph J. Distephano）、席南帕尔（Melvin Schnapper）、爱德华·霍尔（Edward Hall）及缪德莉·霍尔（Mildred Reed Hall）等，对跨文化交流策略进行改造，将其运用于典型的西方资本主义研究之中。比如，爱德华·霍尔和缪德莉·霍尔就为美国跨国公司（那些为大众消费而生产西方文化工艺品的公司）描绘出了交流策略，这些公司可因此而受益于对外国文化的结构性理解；狄斯蒂芬诺和席南帕尔关注的焦点，是为公司经理提供可以帮助他们在全球市场获得成功的文化交流技能。

最后，一些学者，如戈尔丁（Peter Golding）、纳泽尔（Nazer）、汤姆林逊（John Tomlinson），以及瓦赫鲁舍夫（Vasily Vakhrushev）等，都认为全球村和资本主义性、霸权性的新殖民主义的高科技形式，完全是一回事。戈尔丁论述道：

新信息和交流技术的出现，为实现平等主义的、参与性的、进步性的结构，带来了希望。然而在实践中，现实却迅速地融合进不平等及商业剥削等这些熟悉的结构。（79）

虽然戈尔丁哀叹技术未能制造新的、更加民主的权力结构，瓦赫鲁舍夫和纳泽尔却认为新技术实际上已经产生了新的权力结构，产生了普遍化的、殖民化的结构，这些结构关心的仅仅是少数几个有影响的机构的利益。照纳泽尔的说法：

通过对全球信息和国际机构的控制，某些西方观念现在能够深入到所有（其他）文化和国家之中。这种观念渗入一旦成功，（无论其文化起源是什么的）国家之间的关系，势必会呈现全盘西式的结构。（4）

而且，"他们赢得的奖励，就是具有定义世界各个国家之间的、符合西方政治和经济形式准则的'适当的'和'可以接受的'行动之能力"（8）。如果，按照安德森（Benedict Anderson）的观点，国家和社会是想象出来的，那么这一新想象出来的全球社会只会让西方工业领袖们受益，同时会对其他人进行殖民化。① 有两位学者特别在此新殖民主义立场内持调和论调：莫里（David Morley）和罗宾斯（Kevin Robins）均认同全球化具有负面的殖民化效果，然而，他们也认为全球化是一种颇有潜力的力量，它可以让本地化了的话语在非西方社会中得到清楚明了的重新表达。

101

――――――――
① 安德森认为，共同体（communities）是"想象出来的"，"因为，即使是最小的国家的成员也不可能认识、遇到或者听说过他的大多数同胞，然而，在每个人的头脑中都存在着与他们交流的形象"（6）。

笔者的全球村观念，是以上诸家立场各因素的综合。与赫斯特（Paul Hurst）和汤普森（Grahame Thompson）一样，我认为全球村，正如许多人所描述的那样，是一个可以实现的、神话的、想象出来的所在；我同意纳泽尔、麦克卢汉和鲍尔斯的看法，人类与新技术的相互作用必定会改变人类的思维过程；我认同诺兰和巴恩，全球村是一个必须用具体的跨文化交流策略来处理的多元文化实在（这一实在，是从既是物质存在也是想象性存在的实在这一意义上来说的）；最后，同瓦赫鲁舍夫、戈尔丁和纳泽尔一样，我也看到了巨大的潜力，特别是少数人通过计算机技术获得巨大的，能在经济、文化、社会和政治等权力上控制其他多数人的这种潜力。无需赘言，此处让我感兴趣的是，交流如何在当前和未来这个复杂的世界里运行或应当如何运行。

全球村中的修辞和交流

修辞和交流在全球村中处于中心位置，换句话说，全球村跟交流处处相关。按照麦克切斯尼（Robert W. McChesney）的观点：

> 交流至少从两方面直接牵涉到"全球化"的过程。第一，部分由于诸如数字和卫星通信技术的惊人进步，交流和信息在资本主义经济中的作用越来越大，越来越重要。就全球化确实是作为一个经济过程而存在这一点而言，在很大程度上，它是以全球通信网络的迅速崛起为基础的。有些人甚至认为，"信息"已经取代制造业成为经济的基础。第二，商业传媒、广告和通信市场自身也在迅速全球化，可以说甚至比政治经济之平衡有过之而无不及。事实上，在某些方面，全球传媒和通信就是正在挺进的全球资本大军。（2）

当不同文化圈的人被迫交互往来，当通信借以发生的技术手段以令人眼花缭乱的速度发展时，我们传统的、线性的交流模式会不可避免地土崩瓦解。由此，在这一全球村修辞语境之下，我们被迫重新思索不同的人如何通过听觉、文本及视觉符号来进行互动。在全球村，我们或许明白自己信息的情势性（exigencies），但是，与我们对话的人的文化背景，还有与他们进行交流的技术手段，却处于完全不稳定状态。因此，为了使交流在这一全球接触地带成功实现（当然，不同文化对成功的定义不一样），交流必须适应任何新出现的情境；它必须能够适应以前从不了解、从未遇到过的听众、题材以及各种物质性、社会性和制度性的语境。

在《全球村》一书中，麦克卢汉和鲍尔斯认为，我们20世纪的高科技通信和高速旅行方式业已将曾经孤立的不同文化联结为单一整体，这一全球村要求运用新的方法去对待社会中的相互沟通和交流，因为"当两个完全不同的观点得不到保障的时候，产生的结果就是暴力。一个人或另外一个人就失去了他的认同（ix-x）"。然而，当不同观点被置于交流过程中加以考虑的时候，不确定性问题就会增加。麦克卢汉和鲍尔斯认为，"只要两种文化、两个事件或者两种思想靠得很近，那么二者之间便会产生相互作用，产生一种魔幻般的变化。二者的交接处差异越大，交流中的紧张感便越强烈"（4）。尽管文化冲突是全球村主要的、决定性的特征，但人与新技术之间的冲突也显得一样重要。按麦克卢汉和鲍尔斯的说法：

　　　　电子时代的人在发现自己身处一个信息同步世界的同时，也发现自己越来越被排除到了更传统、更古老的（视觉）世界之外，在那个世界中，事物的形状和理性看上去是一致、有联系及稳定的。相反，西方人（视觉性和序列性的人）却发现自己常常与同步的、非连续性的、动态的信息结构联结在一起。他被投入到一种新的认识形式中，这种形式与他习以为常的、和印刷纸页紧密联系的体验，全然不同。（18）

对麦克卢汉和鲍尔斯来说，新技术不仅影响了人的交流，而且改变了进行交流的人本身。"就技术在使用者与他的环境建立起新的关系而言，技术改变了使用者"，并且"当各种媒体相互作用时，它们对我们的意识改变之深刻，以至于创造出了精神意义的全新世界"（87）。计算机技术对人类思维过程的生物学范式改变——从左脑主宰思维到右脑主宰思维的转变，要比其他任何东西所带来的改变多得多（103）；"某些影像技术，其本质性的互动性将在下一世纪产生出占主导地位的右半球社会方式"（83）。实际上，麦克卢汉和鲍尔斯已经预言：

> 到2020年，美利坚合众国将会实现完全不同的心理转变，它将不再依赖视觉的、统一的、同质的属于大脑左半球的思维方式，而是转向多面的、构型性的心理状态……（或）右半球思维方式。换句话说，大多数美国人不会被点对点的线性观念方式左右，尽管这种观念方式对数学家和财会人员大有裨益，相反，他们将能够容忍许多不同的价值体系共存，有些体系甚至是建立在与他们的观念相对立的伦理传统上的。社会组织方式将会比字母数字的度量方法更为重要。（86）

解决这一根本性的文化和技术不确定性，其方法就在于理解技术对人类思维过程的影响。按照麦克卢汉和鲍尔斯的观点，我们可以在通信技术的出现和演进过程中，将格式塔理论中的"形（figure）"、"基（ground）"概念运用到不同的通信技术

上，进而实现这一目的："所有文化情境都是由一个注意力区域（'形'）和一个更大的忽视区域（'基'）组成的。"（5）而且，

> 论先后顺序的话，先出现"基"，然后才是"形"。而即将发生的事件将其阴影投射到"基"和"形"之前。任何技术的"基"既是产生这一技术的基础，同时也是这一技术所带来的相关效用（services）和危害（disservices）存在的整个环境（或媒介）。这些效用和危害就是副作用，它们将其自身胡乱地强加在新的文化形式上。媒介就是信息。随着旧的"基"被新情境的内容所替代，相对于作为"形"的普通的注意力，"基"就成了可资利用的东西了。（6）

对于大多数个体来说，（作为"形"的）技术本身是清晰可见的，但是（作为"基"的）该技术的文化却隐而不显。然而，欲全面理解技术影响人类交流的方式，就需要理解这种隐而不显的文化环境。要达到这一目的，我们需要将可以拿来进行分析的新技术（新的"形"）与熟悉的文化语境（已经被替代的语境和基础）关联起来。

通过将新技术和（现在是显性的）先前的语境进行对比，我们就能够对（以前是隐形的）当前语境进行解释。麦克卢汉和鲍尔斯提出了一个四元组概念，即由四个问题组成的启发式探索法，以此作为分析隐含文化语境的有效方法。为简洁起见，我将该四元组概念中的四个问题大致改述如下：

1. 新的人工制品／技术（"形"）从原来的语境（"基"）中要扩充和强化什么？
2. 它将破坏什么或废弃什么？

3. 它将恢复早先被废弃的什么东西？

4. 当被逼至其潜力极限时，它将颠覆什么或翻转什么？（9）

按照麦克卢汉和鲍尔斯的观点，"当机械时代隐而不显的影响趋向于下意识地遮蔽'基'之时，这一四元组概念……有助于我们理解'形'与'基'。它的主要作用就是将隐藏的'基'凸显出来"（9）。因此，麦克卢汉和鲍尔斯将那种属于全球村交流与生俱来的不确定性定位于潜意识下的含糊语境或"基"之中，也就是说，定位在修辞交往所发生的情境之中，但是麦克卢汉和鲍尔斯提出四元组概念，却是将其当成"揭示和预测新事物和新情境变化的工具"（18）。

麦克卢汉和鲍尔斯坚持认为，"任何东西，如果不与环境、媒介或包含它的语境相联系，都是没有意义的"（71），因此，四元组概念是阐明不确定语境的一个途径：

呈现四元组形式的知觉方式，目的是为了引起对正在进行的情境——正在构成新的知觉、形成新的环境的情境，甚至是正在对旧情境进行重构的那些情境——的注意。这样就可以说，媒介运行的结构与其性能是不可分割的。这一努力的目的，始终都是引起对作文法则以及各种规则、相互作用等方面的各种因素的重视。（28）

一旦理解了确定性，我们就会明白，传统上把时间看成某种连续的线性行进（*chronos*）方式的观念是不够的，因为只有确定性才是在可预测的轨道上向前行进；我们现在必须清楚地表达出一种不同的时间感觉，一种定性的时间感觉，一种能够解释产生于多元性和不确定性的历史"断裂"（借用福柯的术语）的时间感觉。正如我们所看见的，古代人将这一定性的时间感觉称为时机（*kairos*）。

尽管麦克卢汉和鲍尔斯谈到了笔者在讨论中也一再强调的多元性和不确定性，但是，他们在给予如下这些论断——如"媒体对人的延伸是地球的**同质化**"（93，强调为笔者所加）以及"计算机是各种影像技术产生出的杂合物的第一成分，它将把我们推向一种世界意识"——的时候，确实毫无必要地滑入到了偶然性的普世化话语中去了。麦克卢汉和鲍尔斯偶尔还是将全球村描述为一个带有某种确定特征的结构基础（地方），但是，这种结构基础，这种乌托邦场所，这种普遍性的全球村，是一个颇成问题的建构。当我们谈到在某一日子——比如2020年会实现的、作为一种结构（一种"同质化"，一种"世界意识"）的全球村的时候，我们是超越了这样的全球村概念的实际范畴从而归纳概括出其本质和功能的。将全球村描述成为一个可以实现的结构，既不能解释个人和社会如何理解和运用技术，也不能解释技术如何冲击个体、冲击社会在日常生活实践中所展现出来的思维方式（大脑右半球主导及左半球主导这两种思维方式）。笔者提出异议的，正是针对麦克卢汉和鲍尔斯的全球村理论的这一普世化一面，但是最近对麦克卢汉和鲍尔斯提出批评的人最为关心的，也正是这一不太常见的乌托邦愿望。

按照安格（Ien Ang）的观点，全球村的普世化和乌托邦形象（麦克卢汉和鲍尔斯及上述许多持缺乏批判性的多元文化观的人偶尔涉及这一话语）存在的问题，是它"暗示作为整体的世界通过成功交流达到了进步性的同质化"（194）。安格认为，"麦克卢汉的'全球村'，通过在时间中毁灭空间，进而将世界变成单一的社会，它只不过代表了资本主义现代性的普遍性极致状态（的幻想）罢了"（195）。由于安格对全球村交流的讨论都基于对麦克卢汉（和鲍尔斯）的批判，我觉得有必要表明自己在此

问题上的立场：我同意安格对全球村的普遍化和乌托邦式的处理
方式的批判，但是，我得指出，这种话语在麦克卢汉和鲍尔斯的
讨论中仅仅是偶尔出现的（尽管还是有好几次）。因此，尽管从
整体上我接受安格在这里总结的某些论断，但是我认为，他对麦
克卢汉和鲍尔斯的批判还是有点缺乏根据，有夸大之嫌疑。

　　按安格的说法，我们传统的交流传播模式，仅仅能够用来解释
语言是如何被资本家以及现代主义文化作为控制社会的工具加以利
用的，至于解释属于全球村特点的不确定性，它则无法胜任。

　　　　作为传播的交流所实现的控制，不仅关涉到对赢取经济
　　利益的市场的征服，而且还是一种对人的控制。因此，用社
　　会术语来说，作为传播的交流一般情况下意味着对社会秩序
　　和社会管理的关注……对于受到规训的人们来说它意味着一
　　种（未明言的）欲望，因此也就意味着对一个有序的、稳定
　　的"社会"的存在之可能性的信念，在这个社会中，社会整
　　合（通过在整个社会结构中散播"核心价值体系"）是大家
　　关心的主要问题……在这里，可以将"全球村"的形成当成
　　以资本主义现代性名义对非西方他者的转化或归化来加以改
　　写，这一资本主义现代性的文明被认为是人类的普遍命运：
　　全球空间的整合等同于全球社会和文化的整合。

　　　　显然，用修辞术语来说，交流的传播模式从根本上赋予
　　了发送者（sender）作为意义和行动的合法来源与始发者这
　　一地位，发送者成了空间、社会／文化整合得以实现的中
　　心。如果充塞在信息（the Message）中的发送者意图毫发无
　　损地到达接受者，同时能对预期的效果进行拣选，那么交流
　　就被认为是成功的。（195）

　　但是，安格认为，"在过去几十年里，在政治学和知识论

上，这种线性的、透明的交流概念的霸权，已经被全球村的特点——不确定性——严重弱化了"（195）。按照安格的观点：

> 在作为现代资本主义世界超级大国的美国霸权的鼎盛时期，交流理论中的传播范式是特别普遍的，这毫不令人感到奇怪。当霸权开始显示裂缝与断裂之时，范式危机便爆发了，这也并非什么令人惊讶之事。（197）

107

安格认为，如果修辞和交流要完全考虑到全球村的特征——"后现代不确定性"，那么，"我们应该强调的是交流的失败"（198），而非强调它的"成功的"（从而亦是压抑的）传播。

> 需要强调的是在建构有意义秩序的过程中必然伴随而生的基本的不确定性，同时也需要强调这一事实，即交流实践并不一定会达到共通意义……通过突出在发送者的意义和接受者的意义之间"并无必然的对应关系"这一观念，（一个）彻底的符号学视角最终会颠覆对（成功的）交流的看法。也就是说，在一个无法将意义的共同性视为当然的文化世界中，应该被视为"正常"的不是交流的成功，而是交流的失败……如果发送者有目的地发送的信息并没有"被理解"，这并不是因为不幸的"噪声"或者"信息接受者的误读"而导致的"交流失败"，而是因为，信息接受者并不是按照信息发送者惯常的顺序去积极参与意义建构的……（因此）需要加以解释的，恰恰是意义的对应和共通性的存在，而非意义的对应和共通性的缺失。（Ang，198）

不过，安格继续论述道，"后现代不确定性"并不会产生极端形式的混乱。"如果秩序之大军一直在被部署，但并未实现完全的秩序，那么混乱的大军也是虽一直在侵犯制度但也并未造成完全的混乱"。这一制度和混乱的双重压力，产生了一种文化，这种文化的"霸权取决于我们如何利用本身就不稳定的结构上的限度，去限制任意的过度行为的可能性"（209），以及"该制度不稳定的多样性"（其在限度内的混乱），"与现代话语不一样，再也不可能用单一的、整体性的说法来讲述'今日'这一世界"（211）。换言之，在全球村的过程或结构方面，根本就不存在某种普遍化的、整体化的单一乌托邦叙事。然而，安格的讨论，其根本问题是，它仅仅实现了某种否定性辩证法，它驳斥了一切已知事物，却忘记了描述出或者指出在这个不确定性的全球世界中，一种修辞理论或实践的可能性。

我不太倾向于这种观点，即要么将全球村视为有待实现的结构（麦克卢汉和鲍尔斯偶尔这么看），或者将其视为一个自由的宏大叙事（比如上述缺乏批判精神的多元文化论）；相反，我更倾向于将全球村视为一种启发式过程（*heuristic*），通过这种启发式过程，我们按照文化被体验的过程本身来探索文化。全球村，更准确地说，全球化过程，并非一个方位（place）结构，而是一种话语实践，是一系列普遍化修辞"策略（strategies）"的汇集，个人和社会都会按照设计好的"手段（tactics）"对这些策略给予回应，以便从本土视角来处理具有全球化特征的修辞。从德塞托（Michel de Certeau）的《日常生活实践》一书中，我借来了"策略"和"手段"两个术语，正是在这两个术语的区别对照中，我相信，我们可以为全球化的复杂话语过程中的交流，找到一种有用的模式。

修辞策略和手段：实践中的时机

在《日常生活实践》一书中，德塞托（Michel de Certeau）

描述了作为一种话语层面上的辩证法权力斗争的策略和手段。德塞托认为，"策略"是

> 对权力关系的盘算（或操控）。一旦具有意志和权力的主体（如公司、军队、城市和科学机构）可以被孤立，对权力关系的估算（或操控）便成为可能。它的前提条件必须是一个能够有确定界限的场所，这一场所是各种目标或威胁（顾客或竞争者、敌人、包围城市的国家、研究的目的和对象等）组成的外在性与之形成的关系得以应对的基础。就像在管理中一样，任何"策略上"的理性化，首先是在环境中试图辨别"它自己"的场所，也就是说，它自己的权力和意志的场所……这是在一个由他者的各种隐形权力所施魅的世界里，努力界定自己的场所。这也是现代科学、政治和军事策略的典型态度。（35～36）

这些"权力关系的盘算"的表现形式，这些（与真正的"环境"相对的）"权力场所"，其最终形成都是在全球化话语的过程中——它们是寻求结构和秩序的全球化话语。

这些策略不可避免地为一些更为强大的机构所支持的权势集团的经济、社会和政治利益服务。另一方面，当策略被那些受到策略控制的人认为是压抑性东西的时候，"手段"就是在此时出现的话语。德塞托认为，"手段" [109]

> 就是一种由一个适当场所（locus）的不在场所决定的盘算行为。因此，对某个外在性的限制，是无法为手段提供自治的必要条件的。某一手段的空间就是他者的空间。因此，手段必须继续嬉戏下去，必须有一个由外来力量的法律所组织的地域强加在其上。在某种距离之外，或者在一个隐

退的、先见的和悠然独处的位置上,它不具有独立存在的手
段;它是敌人地盘内的一种策略…… 因此,手段没有选择
的自由,在一个明显的、可见的和可以对象化的空间里,它
无法去安排总体的策略,也无法将对手视为一个整体。手
段一步一步地单独采取行动。由于没有一个可以储备胜利、
建立自己地位、预谋突袭的根据地,手段充分利用"各种机
会"并依靠机会。手段无法保持它所赢得的东西。当然,这
种无依无靠状态赋予了手段一种灵活性,但是,这种灵活性
必须接受时机提供的那些偶然性的东西,必须于任何一个时
刻在变动中抓住那些自我呈现的可能性。手段在监视专权之
时,必须警惕地利用特定巧合事件显现的裂缝。手段偷偷潜
入这些裂缝,在裂缝中制造突袭。它可以进入到最出乎大家
意料之外的地方。它是一个诡计多端的计谋。(*Practice*,
36~37)

手段是可以颠覆主流秩序,但同时又在其意欲颠覆的秩序中
运作的修辞实践。手段依赖于"机会",依赖于"时刻提供的
那些偶然性的东西"以及"任何一个时刻自我呈现的那些可能
性"。作为修辞技能,手段不是从一种线性的、稳定的、可预测
的时间序列中获取力量,而是从质的意义上,从作为机会的时间
感中去获取力量。手段受偶然性困扰,但可能性赋予它们力量。
在手段中,我们可以看到时机(*kairos*)的运作。

普遍化的、本质主义的以及乌托邦的全球村话语是不可避免
的——它们的存在无法逃避;它是我们很多最强大的社会、经
济、政治和文化制度与生俱来的一面。这些制度就是"策略"。
110 因为策略是普遍化的、本质主义的及乌托邦的,因此它们不是有
意识地被运用到各种情境中去的,而是被认为是放之四海皆准的
东西。然而,我的看法是,在这样的语境下,使跨文化交流具有

不同之处的，是交流者根据特定情境下的情势，去颠覆和协商全球化话语的不同方法。这些就是他们使用的"手段"，就是构成日常生活实践的手段。而且，手段在本质上是智术师式的，这一点，德塞托自己也说得很明白：

> 从手段角度来讲，在讨论演说的众多文献中，智术师占据了一个特权地位。按照希腊修辞学家科拉克斯的观点，原则就是让较弱的地位看上去较强，智术师宣称，通过利用特殊情境提供的机会，他们拥有让较弱者转败为胜的能力。（*Practice* XX）

按照夏帕的说法，智术师修辞理论最早受到专业技术化的一个方面，就是时机（*kairos*）概念（*Protagoras* 73）。

尽管并不存在能将公元前5世纪的人在一瞬间内连通起来的超音速飞机或通信卫星，但是，在伯里克利时代的雅典，还是存在着通过公开的、公共的话语而不断相互接触的不同文化。罗米莉（Jacqueline de Romilly）认为，当时有无数的智术师从已知世界最遥远的地方旅行到伯里克利时代的雅典，雅典人欢迎这些游走四方的智术师，允许他们在这座城市生活、教书，想待多久就待多久。而这些游走四方的智术师之所以愿意在雅典生活和教书，部分原因在于雅典城邦军事上的胜利给这座城市积累了财富和声名，同时也由于伯里克利将雅典变成了一个许多智术师所认同的民主理想的象征。正如笔者在前文已指出的，雅典的智术师是一个多元的群体，每个人标举的知识论是不一样的，他们互相批判对方在修辞教学和其他学科方面采用的方法。到公元前5世纪中叶，雅典已成为一个文化观念的集中接触地带，在这里，来自亚洲、意大利、埃及以及遥远的地中海诸岛的不同文化观念，以前所未有的多元议论（*polylog*）的形式发生冲突。在雅典富有创造性的智识环境中，游走四方的智术师可以在观念上自由探索，而这在当时的其他国家是会招致流放的，因为这些观念往往（当然不是所有）都在挑战令人压抑的寡头制和君主制的权力结构。

111　　公元前427年，西西里岛的莱昂蒂尼人和叙拉古人发生内战，高尔吉亚以莱昂蒂尼的使团人员的身份来到雅典，寻求雅典的帮助，以联合雅典共同抵抗西西里岛的邻国叙拉古。受强大的科林斯人支持的叙拉古竭力想在西西里全岛建立一个寡头统治，而希望保持民主政治的莱昂蒂尼在公元前427年接受了希腊馈赠的20艘战舰，后来在公元前425年又接收了45艘战舰，这样莱昂蒂尼就可以抗击前来进攻的叙拉古军队。但是，公元前422年，莱昂蒂尼内战爆发，民主派力量大大削弱，很快，叙拉古征服了莱昂蒂尼的民主制，取而代之以有限的寡头制（Enos，9～11）。至于高尔吉亚何年何月以永久居民身份回到雅典教授和从事修辞学，则未为可知，不过可以肯定的是，时间应在公元前427年他出使雅典后不久，或者大致就在莱昂蒂尼的民主制被寡头政治所推翻的公元前422年左右。正如笔者在第一章所述，高尔吉亚最为突出的修辞理论，亦即抓住适当时刻（时机）的理论，与基础主义知识论及与基础主义知识论相关联的寡头制统治形式是相抵牾的。从公元前420年起，在雅典民主政治宽容的文化语境下，高尔吉亚式的时机理论一直在蓬勃发展。

　　按照金尼维的说法，在希腊思想体系中，从赫西俄德到柏拉图，时机——抓住恰当时刻，根据情境的要求选择论证——一直都是一个流行概念，同时也是某些智术师修辞方法中最基本的"手段"之一。在相对主义的民主性的智术师修辞技艺中，时机所起的功能，就是挫败强大的甚至可能是制度化的修辞"策略"。下面挑选了一些智术师和前苏格拉底派对待时机的各种方式和态度，所选说法均可在第尔斯和克兰茨的《前苏格拉底哲人残篇》中找到：

德谟克利特：

● 大家一定得提防坏人，以免他抓住时机（*mê kairou labêtai*）。（Freemen，*Ancilla*，B87）

● 言辞自由是自由的标志，但风险在于要看清恰当的时机（*hê tou kairou diagnôsis*）。（Freemen，*Ancilla*，B266）

阿那克萨科斯（Anaxarchus）：

● 学问好，好处多，但是学问多了，也会给人带来很多害处。学问可以助益聪明的人，但会伤害那些与任何人同处都无话不说的人。一个人一定要把握好恰当时机的尺度（*kairou metra*），因为此乃智慧之边界。那些在不恰当的时机（*eksô kairou*）吟诵警句的人，即使其警句充满智慧，也会被人斥为愚蠢之徒，因为他们没有把智识和智慧融会贯通。（Freemen，*Ancilla*，B1）

《双重论证》（佚名）：

● 引用一位不知名的诗人：没有什么东西，在各方面都既光彩又得体，或在各方面都不光彩不得体。但对相同的事物（take the same things），恰当的时机（*ho kairos*）使其变得不光彩不得体，然后又将其颠倒过来，使其变得既光彩又得体。（Robinson，2.19）

● 对以上引用的评论：所有的事情，如果是在恰当时机（*kairôi*）做，都是既光彩又得体的，如果是在错误时机（*akairiai*）做，则是不光彩不得体的。（Robinson，2.20）

换句话说，成功的修辞有两个前提：第一，演说家必须有言说的自由；第二，演说家应拥有关于主题的知识。如果演说家满足了这两个前提，那么接下来其修辞事业的最终成功则取决于对恰当时刻——那些转瞬即逝的机会——的把握，因为在错误的时刻所说的话（或者机会来临时却没有说出该说的话）是不光彩不得体的来源。

按照翁特斯泰纳（Mario Untersteiner）的说法，在智术师出现之前就已广为流播的时机理论，在高尔吉亚的修辞技艺中起着最主要的作用。然而，尽管翁特斯泰纳甚至一些古代的证据（testimonia）都告诉我们，时机是高尔吉亚修辞的基本问题（我们也没有任何知识论或政治学上的理由持其他看法），不过，在高尔吉亚的现存文本中，"时机"这个词实际上仅仅出现了一次。在《帕拉墨德斯之辩》中，高尔吉亚那位神话中的主角说道："当然，赞扬自己是不对的，但是眼下这个时机（parôn kairos）要求我尽可能为自己辩护，因为有人指控我犯了这些罪。"（B11a.32）换句话说，称赞自己的时机几乎都是不恰当的，但是，当被指控的人面对质疑他品格的某个不真实陈述（譬如奥德修斯指控帕拉墨德斯犯了叛国罪的陈述）之时，通过具体情境来彰显自己品格的高尚，则成了恰当的时机。因此，演说者的任务，就是在恰当的时机出现的时候去识别它，抓住它。

但是，是什么力量产生了表达某些理由的恰当时机呢？要回答这个问题，我们得探讨一下高尔吉亚使用的另一个术语，即"必然性"（anagkê），它先于恰当的时机出现，并对恰当时机的出现提供支持。还是在《帕拉墨德斯之辩》中，高尔吉亚的神话主角说道：

> 因为没有证据支持的指控在法庭上会引起混乱。鉴于当前（由于奥德修斯毫无根据的指控所造成）的混乱，我当然无话可说了，除非我能从真理本身和当前的必然性（parousês anankê）里发明（invent）一些辩词。（B11a.4）

因此，使言说成为必要的是当前的必然性，也就是修辞性语境；是情境的情势性（exigency of the situation）解放和束缚了对特定论证的运用。

对"时机"（以及出现在它之前的"必然性"）的描述，与德塞托所用的"手段"多有相同之处；它谈论的并不是来自制度性权威的论证，也不是某个不变的基础——以该基础为出发点可一成不变地操纵与他人的关系；它也不像柏拉图和其他人那样谈论一种全球化话语，它谈论的是一种不确定性话语，是强势的"策略性"话语中的某种关于"手段"的话语。时机性的论证并不发号施令，它只是给予反响；时机的运作是逐次进行的，与恰当的时刻一样转瞬即逝，只要机会一出现就要加以利用。作为一种由持相对主义观念的智术师——特别是高尔吉亚——所发展和变化出来的概念，时机仍然是一种有力的修辞手段，用来驾驭语言的不确定性，驾驭情境性语境的偶然性，以便维护民主制的政治目的和社会目的。

批判性多元文化主义与时机的政治

在智术师之后2400年的今天，我们看到了另一幅场景，在此场景中，本章谈论的这些主要论题——全球化、时机、修辞策略和修辞手段——被推到了前台，这场景也就是我们现在所谓的多元文化主义。大多数多元文化主义者，都把所有形式的全球化视为一种消弭差异、实施权力的有害企图，然而，全球化同时也是当代文化无可否认的一面。因此，如果多元文化理论将全球化过程忽略了或者加以简单化处理（实际上它也是这么做的），只关注身份形成上的细枝末节的话，那么，它就会削弱其自身的政治

正确性。事实上，克鲁兹（Jon Cruz）就极力主张，我们应该
"将多元文化主义当成某一晚期资本主义社会逻辑的一部分，
114 当成经济全球化与国家财政—国内危机交叉点上的某种文化特
征"（19）。克鲁兹认为，在20世纪60年代和70年代，美国的
多元文化主义者在为被压迫的群体争取新的权利方面取得了巨大
进步，这一（局部）成功，其原因之一，就是他们在现存国家经
济、文化力量的辨正性关系方面，提升了被压迫文化的具体文化
价值观念。但是，克鲁兹接着又说道，在这一时期，"正如国
家的文化维度为种族身份、性别身份的形成开启了新的空间"，
作为可以颠覆此类身份形成的力量的"国家财政危机也开始展露
出来"。"寻求跨国策略"的、具有离心倾向的资本主义开始外
显出来，而具有向心倾向的文化则"强化了身份形成的过程"
（28）。按照克鲁兹的说法，

> 当政体开始给予这些族群以公民权利，承认其政治主体
> 地位的时候，经济便迅速朝剥除政治解决以保证这一重要文
> 化转向的方向发展。随着资本主义向外的离心倾向越来越强
> 烈，随着它为维护其跨国阵地和同盟而对越来越多的物质资
> 源进行分散和分配，自由主义民主政治就受到了保守联盟的
> 挑战，在某些领域，这种民主变得愈加脆弱不堪，甚至举步
> 维艰。（28）

这样，多元文化主义开始摈弃其社会改革的梦想，转而形
成了一种后退性的新的族群主义（new tribalism）。克鲁兹总结
说，如果多元文化主义"既是以身份政治（identity politics）同
时又以社会体系政治（sociosystemic politics）的方式运作"，那
么，它的作用仅仅是作为一种有效的话语（33）。这两种政治是
紧密交织在一起的。

　　在多元文化理论中之所以出现这种新的文化族群主义（cultural tribalism），部分原因在于多元文化主义者的理论本身就是一种内在的族群主义（internal tribalism），他们没有能力认同自己曾经与其他多元文化主义者所共同从事的事业。按照克鲁兹的说法，多元文化主义已经变成"一个意义负荷过多的术语，一个象征性容器，它无法囊括投入在它身上的、它本身应该承载的意义范畴"（33）。克鲁兹断言之正确性，无须深究便可证实。只要浏览一下任何一个多元文化理论文集，即可发现各种关于多元文化主义的理论分支和流派在急速增加：有前现代主义的多元文化主义和现代主义的多元文化主义，还有后现代主义的多元文化主义和反后现代主义的多元文化主义；有保守性的、合作性的、煽动性的多元文化主义；有反种族主义的、解放的、自由的、左翼自由的，甚至被操纵的多元文化主义；除此以外，还有单一主义的、多元主义的、多声音的、多中心的、抵抗式的、反叛性的和批判性的多元文化主义。然而，这些理论阵营，除开今日多元文化理论最有希望的领域——批判性多元文化主义，大多要么是作为引出反驳的假想标靶而建立的，要么就是在最近的各种多元文化理论论述中已风光不再了。（反叛性多元文化主义和多中心多元文化主义在许多方面是批判性的，甚至有时囊括在批判性多元文化主义这个更宽泛的题目下。）

　　作为理论和实践的批判性多元文化主义，其基本原则中有一个核心概念，即霸权观念。在《狱中札记》一书中，葛兰西（Antonio Gramsci）用结构主义的术语对霸权进行了描述：霸权是一种文化条件，在这种条件中，首先，统治者控制了被统治者，其次，被统治者将统治者施加的权力看成是与生俱来的、普遍性的和不可更改的实在。然而，在《马克思主义和文学》一书中，威廉姆斯（Raymond Williams）融入了另外一个因素，一个将霸权从结构转化为过程的因素。按照威廉姆斯的说法，不仅存

115

在着被视为与生俱来的统治，而且也必然存在着一个共识建构的
永久过程：

> 一种被体验的霸权（lived hegmony）永远都是一个过
> 程。它不是系统，也不是结构，除非从分析的角度看……
> 而且，作为一种支配形式，（霸权）并不是被动存在的，它
> 必须不断地被更新、再创造、受到辩护和修正，它也不断地
> 受到根本不属于自身的压力的抵抗、限制、改变和挑战。在
> 霸权这一概念之上，我们必须加上反霸权以及另类霸权这些
> 真实而持久的实践因素。（112～113）

霸权策略及其与反霸权手段和另类霸权手段的对立，构成了
社会演进的过程。由于文化是过程而非结构，恰当地确定反霸权
话语的时间，便显得非常重要。如果反霸权文化将社会错误地看
成是一种结构而非过程，并运用普遍性的（非时间、非语境的）
策略来引起革命，那么，主流的霸权力量将（一如他们几百年来
那样）把这些普遍性策略融入到他们自身的控制机制中去，由此
对这些策略产生免疫能力，并确保这些策略在未来的失败。然
而，当反霸权文化运用能够驾驭恰当时刻之力量的手段时，当反
霸权文化运用那些限制霸权文化对某特别情境语境的具体性进行
干涉的手段之时，主流文化就无法吸纳这些手段，也不能免除来
自这些文化的颠覆性力量的影响。

如果将高尔吉亚、麦克卢汉、葛兰西、威廉姆斯以及德塞托
等人的理论融会在一起，我们便可以得出如下关于权力的观点：
统治者建立全球策略，是将其当成被统治者间获得一致意见的手
段，而被统治者采取及时的、区域化的手段对这些策略进行协
商，是将这些策略作为一种控制自己所体验的经验的手段。批判
性多元文化理论对普遍化策略的使用问题进行了特别的批判，并

促进了对合适的本地化策略的发展。

批判性多元文化主义非常适合解释这一复杂的权力和交流所形成的结构。吉鲁（Henry Giroux）认为，批判性多元文化主义"不仅仅承认差异、分析陈规，更根本地说，它意味着理解、介入和改变不同的历史、文化叙事、再现，以及产生种族主义及其他形式的歧视的那些制度"（*Pedagogy*，237），而这一切都导致对被压迫民众的霸权统治。在另一处，吉鲁认为，葛兰西的霸权理论应该成为任何批判性多元文化教学的关键理论（*Border*，186～188）。按照麦克拉伦（Peter McLaren）的观点，批判性多元文化主义试图批评的权力结构，是通过意义化的政治（politics of signification）来维持的。"符号是试图创造某种再现方法的意识形态斗争的一部分，这种再现方法可以使某一文化实在获得合法性"（45），"批判性多元文化主义课程能够通过意义化的政治，帮助教师探索学生是如何差别性地受到意识形态的刻写（ideological inscription）和多重组织的欲望话语的制约的"（47）。

然而，尽管吉鲁、麦克拉伦和其他批判性多元文化主义者，在推动那些学生用以对主流霸权文化及其全球化再现进行批判的教学方面厥功至伟，但是，在帮助学生发展具体的修辞技能、可以铲除最影响其生活的那些制度的修辞技能上，却并没起到多大的作用。他们让学生投入到战争中，让他们知道了自己的敌人是谁，但是却没有给他们弹药。换句话说，通过批判性多元文化教学，学生学会了对统治结构的批判，但是他们没有学到属于自己的手段，没有学会对抗霸权结构的手段。我认为，批判性多元文化教育的这种不足之处，乃是吉鲁、麦克拉伦和其他学者依赖于葛兰西关于权力、统治和霸权的固有性结构主义观念的结果。

多元文化修辞的手段可以是批判性的，也可以是生产性的，为了保持不同社会的健康发展，这两种多元文化修辞的手段都应该辩证地加以运用。运用批判性手段，是为了对抗偏见，这样的

117

手段是以作为过程而非结构的文化概念为基础的。因为，如果文化是过程，那么这个过程就是可以改变的；但如果文化是结构，那么压迫就在所难免。文化是通过文本的生产而演进的，如果有足够的颠覆性文本被置入源源不断的文化生产中，那么文化本身就会慢慢变化，它会将颠覆性观念融合到文化自身过程的织体中。因此，批判性手段的目的，是为了颠覆某个主流话语。而生产性话语的目的，是为了建构与特定的或普遍性的主观性相对立的群体性的主观性（communal subjectivities）。批判性手段打破压迫性话语，生产性手段则建构群体的、民主的、参与性的话语，为批判提供必要的基础。批判性手段和生产性手段都是必要的，因为单靠批判性手段，仅仅能够构成一个没有表达出自身独特价值的否定辩证法。生产性手段则构建那些群体性价值，面对压迫性话语的压力，生产性手段推进和发展了群体性的价值。

　　我认为，批判意识本身并不足以让公民参与到平等主义权力结构的形成和再形成中。我们还需要手段，需要将霸权视为一种过程而非结构，不是将之视为一种先在的形成物，而是将之视为一个不断进行着的斗争。这是一种本质上属于智术师的——也属于新智术师的——社会权力观。理解时间上某一给定点的体制化策略，可以为我们创造属于自己的、及时的修辞手段——那种每一次一点一点地对具有边缘化力量的策略进行挑战的手段——提供话语知识。阿多诺（Adorno）说："恒流之水滴，可以穿巨石。"（134）尽管智术师的"水滴"可能被压抑了许多年，但是，它们再次涌动起来，滴穿了实在主义和基础主义的巨石，这些巨石窒息着修辞最重要的功能——社会功能。研究脱离于体制过程的个体文本或意义符号，虽能帮助我们培养批判的敏感性，但对于理解变动不居、短暂持存的制度性策略（一种话语性的时机）的话语之流并无多大助益，而后面这种理解，我认为，才是语言的力量真正得以施展出来的地方。

附录：智术师修辞与哲学研究文献选介

笔者希望，下面所选1900年以来的英语学界的智术师研究文
献，能够让感兴趣的修辞史和哲学史研究者们更容易了解到这些
智术师。本参考文献中列出的智术师的作品，均来自斯普拉格
（Rosamond Kent Sprague）所编的智术师现存文本合集《早期
智术师》（*The Older Sophists*）一书。

由于从柏拉图以来，智术师变成了许多激烈争论中的主体，
这里运用了以下几个标准来限制文献中条目的入选：

1. 1900年以前的文献我都忽略了，除了科珀（Edward
Cope）和西季维克（Henry Sidgwick）的下述几种重要文献：

Cope, Edward M. "On the Sophistial rhetoric." *Journal of
Classical and Sacred Philology* 2（1885）：129～169；3
（1856）：34～80，253～288.

——. "The Sophists." *Journal of Classical and Sacred
Philology* 1（1854）：145～188.

Sidgwick, Henry. "The Sophists." *Journal of Philology* 4
（1872）：288～307；5（1874）：66～80.

这几个文献无疑是1900年以前对智术师学说最为全面的讨
论，不容忽略。

2. 尽管意大利文和德文方面的智术师研究成果颇多，但笔者将文献条目限定在英文著作上，目的是让英语读者能够便利地了解智术师，同时也鼓励那些无法接触到海外学术杂志的学者用英语进行智术师研究。

3. 众所周知，柏拉图为个人目的故意歪曲了智术师学说，因此笔者略去了那些为数众多、与柏拉图在对话中看待智术师如出一辙的参考文献，仅保留了斯普拉格或第尔斯和克兰茨对智术师文本的讨论。

4. 略去了会议论文集和纪念文集中的文章。不过，有一册会议论文集用处颇大，在英语世界关于智术师的学术研究中常被引用，此即：

Kerferd, G. B., ed. *The Sophists and Their Lewgacy*, wiesbaden: Steiner, 1981.

文献中列出的有些资料实不易归类，因此个别书目在多个类目中都被引述。在"原始文献"部分，读者可以找到智术师文本的古希腊原文版本以及英译版本。"智术师概观"部分包含了将智术师视为一个连贯一致的群体来进行研究的那些文献，也包含了对此做法提出质疑的一些文献。在"智术师专人研究"部分，所引均为或主要为专门研究单个智术师的文献（比如安提丰、克里蒂亚、无名氏《双重论证》（*Dissoi Logoi*）、高尔吉亚、希庇阿斯、无名氏《杨布里可篇》（*Anonymus Iamblichi*）、普罗狄科、普罗塔戈拉以及特拉绪马科斯）。"新智术师修辞和哲学"部分包含的是最近的研究成果，体现了学者们为当代修辞目的而试图复兴智术师学说之有用部分的努力。最后，"杂目"部分列出了一些不好归入其他类目的颇有价值的参考文献。

文献选介

前苏格拉底哲人和智术师的希腊文原本见：

Diels, Hermann, and Walther Kranz. *Die Fragmente Der Vorsokratiker*. 3 vols. Berlin：Wiedmann，1951～1952.

第尔斯（Diels）和克兰茨（Kranz）编辑的智术师文本的两种英译本为：

Freeman, Kathleen. *Ancilla to the Pre-Socratic Philosophers*. Cambridge：Harvard University Press，1948.

Sprague, Rosamond Kent, ed. *The Older Sophists*. Columbia：University of South Carolina Press，1972.

这两种英译本中，英语学界引用得更多的是斯普拉格（Sprague）所编的版本。

智术师概观

以下文献均将智术师当成一个相对连贯一致的教师群体来研究，除了柯费尔德（Kerferd）和夏帕（Schiappa），他们的著作质疑这样一个概念，即一种可辨认的（整体性的）智术师的知识论、政治学或修辞理论。

Barrett, Harold. *The Sophists：Rhetoric, Democracy, and Platos Idea of Sophistry*. Novata, CA：Chandler and Sharp, 1987.

Bett, Richard. "The Sophists and Relativism." *Phronesis* 34（1989）：139~169.

Bowersock, G. W. *Greek Sophists in the Roman Empire*. Oxford：Clarendon, 1969.

Brake, Robert J. "Pedants, Professors and the Law of the Excluded Middle：On Sophists and Sophistry." *Central States Speech Journal* 20（1969）：122~129.

de Romilly, Jacqueline. *The Great Sophists in Periclean Athens*. Trans. Janet Lloyd. Oxford：Clarendon, 1992.

123 Dodds, E. R. "The Sophistic Movement and the Failure of Creek Liberalism." *The Ancient Concept of Progress and Other Essays on Greek Literature and Belief*. Ed. E. R. Dodds. Oxford：Clarendon, 1973. 92~105.

Enos, Richard Leo. *Greek Rhetoric Before Aristotle*. Prospect Heights, IL：Waveland, 1993.

Gibson, Walker. "In Praise of the Sophists." *College English* 55（1993）：284~290.

Guthrie, W. K. C. *The Sophists*. Cambridge：Cambridge University Press, 1971.

Hinks, D. A. G. "Tisias and Corax and the Invention of Rhetoric." *Classical Quaterly* 34（1940）：61~69.

Hunt, Everett Lee. "On the Sophists." *The Province of Rhetoric*. Ed. Joseph Schwartz and John A. Rycenga. New York：Ronald, 1965.69~84.

Jarratt, Susan. "The First Sophists and the Uses of History."
Rhetoric Review 6（1987）: 67~77.

——. *Rereading the Sophists: Classical Rhetoric Refigured.*
Carbondale: Southern Illinois University Press, 1991.

——. "The Role of the Sophists in Histories of Consciousness."
Philosophy and Rhetoric 23（1990）: 85~95.

Jarrett, James L. *The Educational Theory of the Sophists.* New
York: Teachers College Press 1969.

Kerferd, G. B. "The First Greek Sophists." *Classical Review*
os 64（1950）: 8~10.

——. *The Sophistic Movement.* Cambridge: Cambridge
University Press, 1981.

Lentz, Tony M. "Writing as Sophistry: From Preservation to
Persuasion." *Quarterly Journal of Speech* 68（1982）:
60~68.

Levin, Saul. "The Origin of Grammar in Sophistry." *General
Linguistics* 23（1983）: 41~47.

Poulakos, John. "Early Changes in Rhetorical Practice and
Understanding: From the Sophists to Isocrates." *Text* 8
（1989）: 307~324.

——. "Rhetoric, the Sophists, and the Possible."
Communication Monographs 51（1984）: 215~226.

——. *Sophistical Rhetoric in Classical Greece.* Columbia:
University of South Carolina Press, 1995.

——. "Terms for Sophistical Rhetoric." *Rethinking the
History of Rhetoric.* Ed. Takis Poulakos. Boulder:
Westview, 1993. 53~74.

——. "Toward a Sophistic Definition of Rhetoric."

Philosophy and Rhetoric 16（1983）：35~48.

Pullman, George L. "Reconsidering Sophistic Rhetoric in Light of Skeptical Epistemology." *Rhetoric Review* 13（1994）：50~70.

Rapple, Brendan A. "The Early Greek Sophists: Creators of the Liberal Curriculum." *Journal of Thought* 28（1993）：61~76.

Reimer, Milton K. "The Subjectivism of the Sophists: A Problem of Identity." *Journal of Thought* 13（1978）：50~54.

Schiappa, Edward. "Sophistic Rhetoric: Oasis or Mirage." *Rhetoric Review* 10（1991）：5~18.

Sesonske, Alexander. "To Make the Weaker Argument Defeat the Stronger." *Journal of the History of Philosophy* 6（1968）：217~231.

Solmsen, Friedrich. *Intellectual Experiments of the Greek Englihtenment.* Princeton: Princeton University Press, 1975.

Sutton, Jane. "The Marginalization of Sophistical Rhetoric and the Loss of History." *Rethinking the History of Rhetoric.* Ed. Takis Poulakos. Boulder: Westview, 1993.75~90.

——. "Rereading Sophistical Arguments: A Political Intervention." *Argumentation* 5（1991）：141~157.

Untersteiner, Mario. *The Sophists.* Trans. Kathleen Freeman. Oxford: Blackwell, 1954.

Wright, M. R. "Pre-Socratics and Sophists." *Phronesis* 40（1995）：118~121.

124

智术师专人研究

柯费尔德和夏帕分别在《智术师运动》和《普罗塔戈拉与逻各斯》中，倡议学界对智术师进行广泛探究，细致研讨这些云游四方、传道授业的智术师形形色色的理论所产生的具体历史情境。在这一部分，我引介了对各个智术师的文本进行细致研究，同时拒绝将智术师简单化为一个连贯一致的群体的研究文献。

安提丰（Antiphon）

智术师安提丰，阿提卡十大演说家中最早的一个，约公元前480年出生于阿提卡，政治修辞技艺专家。作为一个与斯巴达有瓜葛的寡头，他在公元前411年推翻雅典民主制中起了作用。

Avery, H. C. "One Antiphon or Two？" *Hermes* 90（1982）：145～158.

Barnes, Jonathan. "New Light on Antiphon." *Polis* 7（1987）：2～5.

Dodds, E. R. "The Nationality of Antiphon the Sophist." *Classical Review* ns 4（1954）：94～95.

Dover, K. J. "The Chronology of Antiphon's Speeches." *Classical Quarterly* os 44（1950）：44～60.

Due, B. Antiphon：*A Study in Argumentation*. Copenhagen：Museum Tusculanum, 1980.

Enos, Richard Leo. "Emerging Notions of Argument and Advocacy in Hellenic Litigation：Antiphon's On the Murder of Herodes." *Journal of the American Forensic Association* 16（1980）：182～191.

Gagarin, Michael. "The Ancient Tradition on the Identity of Antiphon." *Greek, Roman, and Byzantine Studies* 31

（1990）：27～44.

———. *The Murder of Herodes*: *A Study of Antiphon* 5. New York: Lang, 1985.

———. "The Nature of Proofs in Antiphon." *Classical Philosophy* 85（1990）：22～32.

Gagarin, Michael, and Douglas M. MacDowell, ed. and trans. *Antiphon and Andocides*. Austin: University of Texas Press, 1998.

Innes, D.C. "Gorgias, Antiphon, and Sophistopolis." *Argumentation* 5（1991）：221～231.

Jebb, Richard C. *The Attic Orators from Antiphon to Isaeus*. 2 vols. New York: Russell, 1962.

Lattimore, Steven. "Two Men in a Boat: Antiphon, On the Murder of Herodes 42." *Classical Quarterly* ns 37（1987）：502～504.

Merlan, Philip. "Alexander the Great or Antiphon the Sophist? " *Classical Philology* 45（1950）：161～66.

Morrison, J.S. "Socrates and Antiphon." *Classical Review* ns 5（1955）：8～12.

———. "The Truth of Antiphon." *Phronesis* 8（1963）：35～49.

Moulton, C. "Antiphon the Sophist and Democritus." *Museum Helveticum* 31（1974）：129～139.

Nill, Michael. *Morality and Self-Interest in Protagoras, Antiphon, and Democritus*. Leiden, The Netherlands: Brill, 1985.

Reesor, Margaret E. "The Truth of Antiphon the Sophist." *Aperion* 20（1987）：203～218.

125

Zuntz, G. "Once Again the Antiphontean Tetralogies." *Museum Helveticum* 6 (1949): 100~103.

克里蒂亚（Critias）

克里蒂亚是苏格拉底最有成就的门生之一，他是一个寡头式僭主（安提丰的同伙），领导三十僭主在公元前404到前403年间对雅典实行血腥统治。

Rosenmeyer, Thomas G. "The Family of Critias." *American Journal of Philology* 70 (1949): 404~410.

Stephans, Dorothy. *Critias: Life and Literary Remains*, Cincinnati, 1939.

Usher, S. "Xenophon, Critias, and Theramenes." *Journal of Hellenic Studies* 78 (1968): 128~135.

Wade-Gery, H. T. "Kritias and Herodes, " *Classical Quarterly* os 39 (1945): 19~33.

无名氏《双重论证》（*Dissoi Logoi*）

《双重论证》（Dissoi *Logoi*或*Dialexeis*），作者不详，是一篇以普罗塔戈拉的对立论证（opposing arguments）传统写就的智术师文本。

Conley, Thomas M. "Dating the So-Called Dissoi *Logoi*: A Cautionary Note." *Ancient Philosophy* 5 (1985): 59~65.

Levi, Adolfo J. "On 'Twofold Statements.' " *American Journal of Philology* 61 (1940): 292~306.

Ramage, Edwin S. "An Early Trace of Socratic Dialogue." *American Journal of Philology* 82 (1961): 418~424.

Robinson, T. M. *Contrasting Arguments: An Edition of the*

Dissoi *Logoi*. Salem, NH: Ayer, 1984.

——. "The Dissoi Logoi and Early Greek Scepticism." *Scepticism in the History of Philosophy: A Pan-American Dialogue*. Ed, Richard H. Popkin. Dordrecht, The Netherlands: Kluwer, 1996. 27~36.

——. "Matthew de Varis and the Dissoi *Logoi*." *Classical Quarterly* ns 22 (1972): 195~198.

——. "A Sophist on Omniscience, Polymathy, and Omnicompetence: D.L.8.1~13." *Illinois Classical Studies* 2 (1977): 125~135.

Roochnik, David. "Teaching Virtue: the Contrasting Arguments (*Dissoi Logoi*) of Antiquity." *Journal of Education* 179 (1997): 1~13.

Sprague, Rosamond Kent. "*Dissoi Logoi* or *Dialexeis*: Twofold Arguments." *Mind* 77 (1968): 155~167.

——. "A Platonic Parallel in the *Dissoi Logoi*." *Journal of the History of Philosophy* 6 (1968): 160~161.

Taylor, A. E. "Socrates and the *Dissoi Logoi*." *Varia Socratica*. Oxford: Oxford University Press, 1911. 91~128.

高尔吉亚（Gorgias）

高尔吉亚大约于公元前480年出生于西西里的莱昂蒂尼（Leontini），后为逃避叙拉古支持的寡头的迫害而移居雅典。客居雅典期间，高尔吉亚的大部分生活都在写作和教学，雅典市民在他快离世的时候为他塑了一座金像来纪念他。

Brocker, W. "Gorgias Contra Parmenides." Hermes 86 (1958): 425~440.

Calogero, G. "Gorgias and the Socratic Principle Nemo sua sponte peccat." *Journal of Hellenic Studies* 77 (1957) : 12 ~ 17.

Consigny, Scott. "Gorgias' s Use of the Epideictic." *Philosophy and Rhetoric* 25 (1992) : 281 ~ 297.

——. "Sophistic Freedom: Gorgias and the Subversion of *Logos*." *Pre/Text* 12 (1991) : 225 ~ 235.

——. "The Style of Gorgias." *Rhetoric Society Quarterly* 22 (1992) : 43 ~ 53.

Coulter, Jame A. "The Relation of the Apology of Socrates to Gorgias' Defense of Palamedes and Plato' s Critique of Gorgianic Rhetoric." *Harvard Studies in Classical Philology* 68 (1964) : 269 ~ 303.

Crowley, Sharon. "Of Gorgias and Grammatology." *College Composition and Communication* 30 (1979) : 279 ~ 284.

Demand, Nancy. "Epicharmus and Gorgias." *American Journal of Philology* 92 (1971) : 453 ~ 463.

Dodds, E. R. *Plato: Gorgias.* Oxford: Clarendon, 1959.

Duncan, Thomas S. "Gorgias' Theories of Art." *Classical Journal* 33 (1938) : 402 ~ 415.

Engnell, Richard A. "Implications for Communication of the Rhetorical Epistemology of Gorgias of Leontini." *Western Journal of Speech Communication* 37 (1973) : 175 ~ 184.

Enos, Richard Leo. "The Epistemology of Gorgias' Rhetoric: A Re-Examination." *Southern Speech Communication Journal* 42 (1976) : 35 ~ 51.

——." Socrates Questions Gorgians: The Rhetorical Vector 127

of Plato's 'Gorgias.'" *Argumentation* 5（1991）: 5～15.

——. "Why Gorgias of Leontini Traveled to Athens: A Study of Recent Epigraphical Evidence." *Rhetoric Review* 11（1992）: 1～15.

Gagarin, Michael. "On the Not-Being in Gorgias's On Not-Being（ONB）." *Philosophy and Rhetoric* 30（1997）: 38～40.

Gaines, Robert N. "Knowledge and Discourse in Gorgias's On the Non-Existent or On Nature." *Philosophy and Rhetoric* 30（1997）: 1～12.

Garnons-Williams, B.H. "The Political Mission of Gorgias to Athens in 427 BC," *Classical Quarterly* os 25（1931）: 52～56.

Gronbeck, Bruce E. "Gorgias on Rhetoric and Poetic: A Rehabilitation." *Southern Speech Communication Journal* 38（1972）: 27～38.

Harrison, E. L. "Was Gorgias a Sophist?" *Phoenix* 18（1964）: 183～192.

Hays, Steve. "On the Skeptical Influence of Gorgias' On Non-Being." *Journal of the History of Philosophy* 28（1990）: 327～337.

Hunter, V." Thucydides, Gorgias, and Mass Psychology." *Hermes* 114（1986）: 412～429.

Innes, D.C. "Gorgias, Antiphon, and Sophistopolis." *Argumentation* 5（1991）: 221～231.

Jacoby, F. "The First Athenian Prose Writer." *Mnemosyne* 13（1947）: 13～64.

Kerferd, G. B. "Gorgias on Nature or That Which Is Not." *Phronesis* 1 (1955) : 3 ~ 25.

Loenen, J.H.M.M. *Parmenides, Melissus, Gorgias: A Reinterpretation of Eleatic Philosophy.* Assen, The Netherlands: Van Gorcum, 1959.

MacDowell, Douglas. "Gorgias, Alkidamas, and the Cripps and Palatine Manuscripts." *Classical Quarterly* ns 11 (1961) : 113 ~ 124.

Mackin, James A., Jr, *Gorgias: Encomium of Helen.* Bristol, UK: Bristol Classical Press, 1982.

Mansfeld, Jaap. "Historical and Philosophical Aspects of Gorgias' 'On What Is Not.' " *Siculorum Gymnasium* 38 (1985) : 243 ~ 271.

McComiskey, Bruce. "Disassembling Plato's Critique of Rhetoric in the Gorgias (447a–466a)." *Rhetoric Review* 11 (1992) : 79 ~ 90.

——. "Gorgias and the Art of Rhetoric: A Holistic Reading of the Extant Gorgianic Fragments." *Rhetoric Society Quarterly* 27 (1997) : 5 ~ 24.

Mourelatos, Alexander P. D. "Gorgias on the Function of Language." *Siculorum Gymnasium* 38 (1985) : 607 ~ 638.

Papillon, Terry L. "Isocrates on Gorgias and Helen: The Unity of the Helen." *Classical Journal* 91 (1996) : 377 ~ 391.

Porter, James I. "The Seductions of Gorgias." *Classical Antiquity* 12 (1993) : 267 ~ 299. 128

Poulakos, John. "Gorgias' and Isocrates' Use of the

Encomium." *Southern Communication Journal* 51
(1986) : 300 ~ 307.

————. "Gorgias' Encomium to Helen and the Defense of
Rhetoric." *Rhetorica* 1 (1983) : 1 ~ 16.

————. "The Letter and the Spirit of the Text: Two Translations
of Gorgias's On Non-Being or On Nature." *Philosophy
and Rhetoric* 30 (1997) : 41 ~ 44.

Poulakos, Takis. "The Historical Intervention of Gorgias'
Epitaphios: A Brief History of Classical Funeral
Orations." *Pre/Text* 10 (1989) : 90 ~ 99.

Robinson, John M. "On Gorgias." *Exegesis and Argument.*
Ed. E. N. Lee, A. P. D. Mourelatos, anad R. M. Rorty.
Assen, The Netherlands: Van Gorcum , 1973.49 ~ 60.

Rosenmeyer, Thomas G. "Gorgias, Aeschylus, and
Apate." *American Journal of Philology* 76 (1955) :
225 ~ 260.

Schiappa, Edward. "An Examination and Exculpation of the
Composition Style of Gorgias of Leontini." *Pre/Text* 12
(1991) : 237 ~ 257.

————. "Gorgias's Helen Revisited." *Quarterly Journal of
Speech* 81 (1995) : 225 ~ 260.

————. "Interpreting Gorgias's 'Being' in On Not-Being
or On Nature." *Philosophy and Rhetoric* 30 (1997) :
13 ~ 30.

Schiappa, Edward, and Stacey Hoffman. "Intertextual
Argument in Gorgias's On What Is Not: A Formalization
of Sextus, Adv Math 7. 77 ~ 80." *Philosophy and
Rhetoric* 27 (1994) : 156 ~ 161.

Segal, Charles P. "Gorgias and the Psychology of the *Logos*." *Harvard Studies in Classical Philology* 66 （1962）: 99～155.

Smith, Bromley. "Gorgias: A Study of Oratorical Style." *Quarterly Journal of Speech Education* 7（1921）: 335～359.

Solmsen, Friedrich. "Restoring an Antithesis to Gorgias （82 B 16 DK）." *Classical Quarterly* ns 37（1987）: 500～502.

Walters, Frank D. "Gorgias as Philosopher of Being: Epistemic Foundationalism in Sophistic Thought." *Philosophy and Rhetoric* 27（1994）: 143～155.

希庇阿斯（Hippias）

埃利斯（Ellis）的希庇阿斯，曾在希腊全境传道授业，但主要还是在雅典。以其过目不忘的记忆力和华丽文风著称于世。

Smith, Bromley. "Hippias and a Lost Canon of Rhetoric." *Quarterly Journal of Speech* 12（1926）: 129～145.

无名氏《杨布里可篇》（*Anonymus Iamblichi*）

由新柏拉图主义者杨布里可（Iamblichus）引述的这一匿名智术师文本，作于公元前400年左右，主要讨论了群体性生活语境下的政治、律法以及美德等话题。

Cole, Andrew Thomas, Jr. "The Anonymous Iamblichi and Its Place in Greek Political Theory." *Harvard Studies in Classical Philology* 65（1961）: 127～163.

129

普罗狄科（Prodicus）

凯奥斯（Ceos）的普罗狄科在公元前5世纪晚期和前4世纪早期经常造访雅典。在修辞学上他主要关注的是措辞的准确。

Biesecker, Suan L. "Rhetorical Discouse and the Constitution of the Subject: Prodicus' The Choice of Heracles." *Argumentation* 5（1991）: 159～169.

Henrichs, Albert. "The Sophists and Hellenistic Religion: Prodicus as the Spiritual Father of the Isis Aretalogies." *Harvard Studies in Classical Philology* 88（1984）: 139～158.

Kerferd, G. B. "The 'Relativism' of Prodicus." *Bulletin of the John Rylands Library* 37（1954）: 249～256.

Smith, Bromley. "Prodicus of Ceos: The Sire of Synonymy." *Quarterly Journal of Speech Education* 6（1920）: 51～68.

普罗塔戈拉（Protagoras）

普罗塔戈拉于公元前480年左右出生于阿布德拉（Abdera），但一生大部分时间都在雅典度过。承接前苏格拉底哲人赫拉克里特的学说，他认为在每个问题上都存在着对立论证。

Beattie, Paul. "Protagoras: The Maligned Philosopher." *Religious Humanism* 14（1980）: 108～115.

Bernsen, Niels O. "Protagoras' Homo-Mensura-Thesis." *Classicaet Mediaevalia* 30（1969）: 109～144.

Burnyeat, M.F. "Protagoras and Self-Refutation in Later Greek Philosophy." *The Philosophical Review* 85（1976）: 44～69.

Burrell, P. S. "Man the Measure of All Things." *Philosophy* 7 (1932) : 27 ~ 41, 168 ~ 184.

Chilton, C. W. "An Epicurean View of Protagoras." *Phronesis* 7 (1962) : 105 ~ 109.

Cole, A. T. "The Apology of Protagoras." *Yale Classical Studies* 19 (1966) : 101 ~ 118.

——. "The Relativism of Protagoras." *Yale Classical Studies* 22 (1972) : 19 ~ 45.

Davison, J.A. "Protagoras, Democritus, and Anaxagoras." *Classical Quarterly* os 47 (1953) : 33 ~ 45.

Donovan, Brian R. "The Project of Protagoras." *Rhetoric Society Quarterly* 23 (1993) : 35 ~ 47.

Eldredge, Laurence. "Sophocles, Protagoras, and the Nature of Greek Culture." *Antioch Review* 25 (1965) : 8 ~ 12.

Epps, P.H. "Protagoras' Famous Statement." *Classical Journal* 59 (1964) : 223 ~ 226.

Frings, Manfred S. "Protagoras Rediscovered: Heidegger's 130 Explication of Protagoras' Fragment." *Journal of Value Inquiry* 8 (1974) : 112 ~ 123.

Gillespie, C.M. "The Truth of Protagoras." *Mind* 19 (1910) : 470 ~ 492.

Glidden, David K. "Protagorean Obliquity." *History of Philosophy Quarterly* 5 (1988) : 321 ~ 340.

——. "Protagorean Relativism and Physis." *Phronesis* 20 (1975) : 209 ~ 227.

Jordan, James E. "Protagoras and Relativism: Criticisms Bad and Good." *Southwestern Journal of Philosophy* 2 (1971) : 7 ~ 29.

Levi, Adolfo. "The Ethical and Social Thought of Protagoras." *Mind* 49 (1940) : 284 ~ 302.

——. "Studies on Protagoras. The Man–Measure Principle: Its Meaning and Applications." *Philosophy* 40 (1940) : 147 ~ 167.

Loenen, Dirk. *Protagoras and the Greek Community*. Amsterdam: Noord–Holandsche, 1940.

McNeal, Richard A. "Protagoras the Historian." *History and Theory* 25 (1986) : 299 ~ 318.

Mejer, Jorgen. "The Alleged New Fragment of Protagoras." *Hermes* 100 (1972) : 175 ~ 178.

Morrison, J. S. "The Place of Protagoras in Athenian Public Life (460 ~ 415 BC) ." *Classical Quarterly* 35 (1941) : 1 ~ 16.

Moser, S., and G.L.Kustas. "A Comment on the 'Relativism' of Protagoras." *Phoenix* 20 (1966) : 111 ~ 115.

Muir, J. V. "Protagoras and Education at Thourioi." of Protagoras." *Greece and Rome* 29 (1982) : 17 ~ 24.

Nill, Michael. *Morality and Self-Interest in Protagoras, Antiphon, and Democritus*. Leiden, Then Netherlands: Brill, 1985.

Payne, David. "Rhetoric, Reality, and Knowledge: A Re–Examination of Protagoras' Concept of Rhetoric." *Rhetoric Society Quarterly* 16 (1986) : 187 ~ 197.

Ritter, Michelle R. "In Search of the Real Protagoras." *Dialogue* 23 (1981) : 58 ~ 65.

Roseman, N. "Protagoras and the Foundations of His

Educational Thought." *Paedagogica Historica* 11
(1971) : 75 ~ 89.

Schiappa, Edward. *Protagoras and Logos: A Study in Greek Philosophy and Rhetoric.* Columbia: Uof South Carolina Press, 1991.

Schiller, F. C. S. *Plato or Protagoras?* Oxford: Blackwell, 1908.

Sesonske, Alexander. "To make the Weaker Argument Defeat the Stronger." *Journal of the History of Philosophy* 6 (1968) : 217 ~ 231.

Simmons, George C. "The Humanism of the Sophists with Emphasis on Protagoras of Abdera." *Educational Theory* 19 (1969) : 29 ~ 39.

——. "Protagoras on Education and Society." *Paedagogica Historica* 12 (1972) : 518 ~ 537.

Smith, Bromley. "Protagoras of Abdera: The Father of Debate." *Quarterly Journal of Speech* 4 (1918) : 196 ~ 215.

Stallknecht, Newton P. "Protagoras and the Critics." *Journal of Philosophy* 35 (1938) : 39 ~ 45.

Versenyi, Laszlo. "Protagoras' Man–Measure Fragment." *American Journal of Philology* 83 (1962) : 178 ~ 184.

Woodruff, Paul. "Didymus on Protagoras and the Protagoreans." *Journal of the History of Philosophy* 23 (1985) : 483 ~ 497.

Zaslavsky, Robert. "The Platonic Godfather: A Note on the Protagoras Myth." *Journal of Value Inquiry* 16 (1982) : 79 ~ 82.

特拉绪马科斯（Thrasybulus）

特拉绪马科斯，来自俾斯尼亚的卡尔西顿（Calcedon in Bithynia），教授论辩性演说术，与普罗狄科一样亦关注措辞。

Astrene, Thomas. "An Analysis of Thrasymachus' True Definition of Rhetoric." *Dialogue* 20（1978）：57~63.

Hagdopoulos, Demetrius. "Thrasymachus and Legalism." *Phronesis* 18（1973）：204~208.

Harlap, Samuel. "Thrasymachus' Justice." *Political Theory* 7（1979）：347~370.

Kerferd, G. B. "Thrasymachus：and Justice：A Reply." *Phronesis* 9（1964）：12~16.

Smith, Bromley. "Thrasymachus：A Pioneer Rhetorician." *Quarterly Journal of Speech* 13（1927）：278~291.

White, Stephen A. "Thrasymachus the Diplomat." *Classical Philology* 90（1995）：307~327.

Yunis, Harvey. "Thrasymachus B1：Discord, Not Diplomacy." *Classical Philology* 92（1997）：58~66.

新智术师修辞和哲学

下列文献研究的是当代修辞理论与智术师学说间的关系。为解决当代修辞理论、实践和教学法中的问题，这些研究都挪用了智术师的学说。

Backman, Mark. *Rhetoric and the Rise of Self-Consciousness*. Woodbridge, CT：Ox Bow, 1991.

Ballif, Michelle. *Seduction, Sophistry, and the Woman with the Rhetorical Figure*. Carbondale：Southern Illinois

University Press, 2001.

Baumlin, James S. "Decorum, *kairos*, and the 'New' Rhetoric." *Pre/Text* 5 (1984) : 171 ~ 183.

Bertelsen, Dale A. "Sophistry, Epistemology, and the Media Context." *Philosophy and Rhetoric* 26 (1993) : 296 ~ 301.

Biesecker, Susan L. "Rhetorical Discourse and the Constitution of the Subject: Prodicus' The Choice of Heracles." *Argumentation* 5 (1991) : 159 ~ 169.

Carter, Michael. "Stasis and *kairos*: Principles of Social Construcion in Classical Rhetoric." *Philosophy and Rhetoric* 7 (1988) : 98 ~ 112.

Consigny, Scott. "Edward Schiappa' s Reading of the 132 Sophists." *Rhetoric Review* 14 (1996) : 253 ~ 269.

———. "Gorgias' s Use of the Epideictic." *Philosophy and Rhetoric* 25 (1992) : 281 ~ 297.

Covino, William A. "Magic And/As Rhetoric." *Journal of Advanced Composition* 12 (1992) : 348 ~ 358.

Crockett, Andy. "Gorgias' s Encomium of Helen: Violent Rhetoric or Radical Feminism? " *Rhetoric Review* 13 (1994) : 71 ~ 91.

Crowley, Sharon. "Of Gorgias and Grammatology." *College Composition and Communication* 30 (1979) : 279 ~ 284.

———. "A Plea for the Revival of Sophistry." *Rhetoric Review* 7 (1989) : 318 ~ 334.

Davis, D. Diane. *Breaking Up (at) Totality: A Rhetoric of Laughter.* Carbondale: Southern Illinois University Press, 2000.

Frigerion, Carlo. "The Return of the Sophists." *South African*

Journal of Philosophy 17（1998）：275 ~ 300.

Hassett, Michael. "Sophisticated Burke: Kenneth Burke as a Neosophistic Rhetorician." *Rhetoric Review* 13（1995）：371 ~ 390.

Hodges, Karen A. "Unfolding Sophistic and Humanistic Practice through Ingenium." *Rhetoric Review* 15（1996）：86 ~ 92.

Innes, D. C. "Gorgias, Antiphon, and Sophistopolis." *Argumentation* 5（1991）：221 ~ 331.

Jarratt, Susan. "The First Sophists and Feminism: Discourses of the 'Other.'" *Hypatia* 5（1990）：27 ~ 41.

———. "The First Sophists and the Politics of Techne." *Discurrendo* 3（1990）：2 ~ 7.

———. "The First Sophists and the Uses of History." *Rhetoric Review* 6（1987）：67 ~ 77.

———. *Rereading the Sophists: Classical Rhetoric Refigured.* Carbondale: Southern Illinois University Press, 1991.

———. "The Role of the Sophists in Histories of Consciousness." *Philosophy and Rhetoric* 23（1990）：85 ~ 95.

———. "Toward a Sophistic Historiography." *Pre/Text* 8（1987）：9 ~ 26.

Kinneavy, James L. "*kairos*: A Neglected Concept in Classical Rhetoric." *Rhetoric and Praxis: The Contribution of Classical Rhetoric to Practical Reasoning.* Ed. Jean Dietz Moss. Washington, DC: Catholic University of America Press 1986. 79 ~ 105.

Kolb, David. *Postmodern Sophistications: Philosophy,*

Architecture, and Tradition. Chicago: University of Chicago Press, 1990.

Leff, Michael. "In Search of Ariadne's Thread: A Review of the Recent Literature on Rhetorical Theory." *Central States Speech Journal* 29 (1978): 73~91.

——. "Modern Sophistic and the Unity of Rhetoric." *The Rhetoric of the Human Sciences: Language and Argument in Scholarship and Public Affairs.* Ed. John S. Nelson, Allan Megill, and Donald N. McCloskey. Madison: University of Wisconsin Press1987. 19~37.

Lentz, Tony M. "Writing as Sophistry: From Preservation to Persuasion." *Quarterly Journal of Speech* 68 (1982): 6068.

Lindblom, Kenneth J. "Toward a Neosophistic Writing Pedagogy." *Rhetoric Review* 15 (1996): 93~109.

Mailloux, Steven, ed. *Rhetoric, Sophistry, Pragmatism.* New York: Cambridge University Press, 1995.

McComiskey, Bruce. "Neo-Sophistic Rhetorical Theory: Sophistic Precedents for Contemporary Epistemic Rhetoric." *Rhetoric Society Quarterly* 24 (1994): 16~24.

Moss, Roger. "The Case for Sophistry." *Rhetoric Revalued.* Ed. Brian Vickers. Binghamton, NY: Center for Medieval and Early Renaissance Studies, 1982. 207~224.

Neel, Jasper. *Aristotle's Voice: Rhetoric, Theory, and Writing in America.* Carbondale: Southern Illinois University Press, 1994.

——. "Dichotomy, Consubstantiality, Technical Writing,

Literary Theory: The Double Orthodox Curse." *Journal of Advanced Composition* 12（1992）: 305～320.

——. *Plato, Derrida, and Writing.* Carbondale: Southern Illinois University Press, 1988.

——. "Protagoras, Gorgias, Sophistry, and Democratic Departmental Governance." *ADE Bulletin* 90（1988）: 27～34.

Nelson, John S. "Political Theory as Political Rhetoric." *What Should Political Theory Be Now?* Ed. John S. Nelson. Albany: State University of New York Press1983. 169～240.

Poulakos, John. "Gorgias' Encomium to Helen and the Defense of Rhetoric." *Rhetorica* 1（1983）: 1～16.

——. "Interpreting Sophistical Rhetoric: A Response to Schiappa." *Philosophy and Rhetoric* 23（1990）: 218～228.

——. "New Idioms for Sophistical Rhetoric: Introduction." *Argumentation* 5（1991）: 109～115.

——. "Rhetoric, the Sophists, and the Possible." *Communication Monographs* 51（1984）: 215～226.

——. "Terms for Sophistical Rhetoric." *Rethinking the History of Rhetoric.* Ed. Takis Poulakos. Boulder: Westview, 1993. 53～74.

——. "Toward a Sophistic Definition of Rhetoric." *Philosophy and Rhetoric* 16（1983）: 35～48.

Rapple, Brendan A. "The Early Greek Sophists: Creators of the Liberal Curriculum." *Journal of Thought* 28（1993）: 61～76.

Scenters-Zapico, John, "The Case for the Sophists."
  Rhetoric Review 11（1993）: 352~367.

Schiappa, Edward. "History and Neo-Sophistic Criticism:
  A Reply to Poulako." *Philosophy and Rhetoric* 23
  （1990）: 307~315.

——. "Neo-Sophistic Rhetorical Criticism and the Historical
  Reconstruction of Sophistic Doctrines." *Philosophy and
  Rhetoric* 23（1990）: 192~217.

——. "Some of My Best Friends Are Neosophists: A
  Response to Consigny." *Rhetoric Review* 14（1996）:
  272~279.

——. "Sophistic Rhetoric: Oasis or Mirage?" *Rhetoric*   134
  Review 10（1991）: 5~18.

Scott, J. Blake. "Sophistic Ethics in the Technical Writing
  Classroom: Teaching Nomos, Deliberation,
  and Action." *Technical Communication Quarterly* 4
  （1995）: 187~199.

Scott, Robert L. "On Viewing Rhetoric as Epistemic."
  Central States Speech Journal 18（1967）: 9~17.

Sheard, Cynthia Miecznikowski. "*kairos* and Kenneth
  Burke's Psychology of Political and Social
  Communication." *College English* 55（1993）:
  291~310.

Sullivan, Dale. "*kairos* and the Rhetoric of Belief."
  Quarterly Journal of Speech 78（1992）: 317~332.

Sutton, Jane. "The Marginalization of Sophistical Rhetoric
  and the Loss of History." *Rethinking the History of
  Rhetoric*. Ed. Takis Poulakos. Boulder, CO: Westview,

1993. 75 ~ 90.

——. "Rereading Sophistical Arguments: A Political Intervention." *Argumentation* 5（1991）: 141 ~ 157.

Vitanza, Victor J. "Critical Sub/Versions of the History of Philosophical Rhetoric." *Rhetoric Review* 6（1987）: 41 ~ 66.

——. *Negation, Subjectivity, and the History of Rhetoric.* New York: State University of New York Press1997.

——. " 'Some More' Notes, Toward a 'Third' Sophistic." *Argumentation* 5（1991）: 117 ~ 139.

White, Eric Charles. *Kaironomia: On the Will-to-Invent.* Ithaca, NY: Cornell University Press, 1987.

Wick, Audrey. "The Feminist Sophistic Enterprise: From Euripides to the Vietnam War." *Rhetoric Society Quarterly* 22（1992）: 27 ~ 38.

杂　目

　　下列文献对于智术师研究颇有价值，但实难归类。例如，有些文献涉及到了智术师，但研究范围却不仅仅停留于公元前5世纪。另一些文献研究的是某些具体问题，如教育、民主、*apatê*（欺骗）、*kairos*（恰当时机），这些问题对于理解智术师的教诲至为关键，但并没有特别论述到哪一个具体的智术师或整个智术师群体。尽管将这些文献归在"杂目"之下显得有些将其边缘化了，但在研究智术师的学说时它们是不应被忽视的。

Arthurs, Jeffrey. "The Term Rhetor in Fifth-and Fourth-Century BCE Greek Texts." *Rhetoric Society Quarterly*

23（1994）：1~10.

Beck, Frederick A. G. *Greek Education*：450~350 *BC*. New York：Barnes, 1964.

Belfiore, Elizabeth. "Elenchus, Epode, and Magic." *Phoenix* 34（1980）：128~137.

Blank, David L. "Socratics Versus Sophists on Payment for Teaching." *Classical Antiquity* 4（1985）：1~49.

Bryant, Donald C. *Ancient Greek and Roman Rhetoricians*： 135 *A Biographical Dictionary*. Columbia, MO：Artcraft, 1968.

Buxton, R. G. A. *Persuasion in Greek Tragedy*： *A Study of Peitho*. Cambridge：Cambridge University Press, 1982.

Clark, Donald. *Rhetoric in Greco-Roman Education*. New York：Columbia University Press, 1957.

Classen, Carl Joachim. "The Study of Language Amongst Socrates' Contemporaries." *Sophistik*. Ed. Carl Joachim Classen. Darmstadt, Germany：Wissenschaft, 1976. 215~247.

Cole, A. Thomas. *The Origins of Greek Rhetoric*. Baltimore：Johns Hopkins University Press, 1972.

——. "Who Was Corax？" *Illinois Classical Studies* 16（1992）：65~84.

Connors, Robert J. "Greek Rhetoric and the Transition from Orality." *Philosophy and Rhetoric* 19（1986）：38~65.

Consigny, Scott. "Nietzsche' s Reading of the Sophists." *Rhetoric Review* 13（1994）：5~29.

De Romilly, Jacqueline. *Magic and Rhetoric in Ancient Greece*. Cambridge：Harvard University Press, 1974.

Dodds, E. R. *The Greeks and the Irrational.* Berkeley:
University of California Press, 1951.

Enos, Richard Leo. "Aristotle, Empedocles, and the
Notion of Rhetoric." *In Search of Justice: The Indiana
Tradition in Speech Communication.* Ed. R. Jensen and J.
Hammerback. Amsterdam: Rodopi, 1987. 5 ~ 21.

Freeman, Kathleen. *Companion to the Pre-Socratic
Philosophers.* 3rd ed. Oxford: Blackwell, 1953.

Gagarin, Michael, and Paul Woodruff, ed. *Early Greek
Political Thought from Homer to the Sophists.* New York:
Cambridge University Press, 1995.

Gomperz, Theodor. *Greek Thinkers: A History of Ancient
Philosophy.* Trans. Laurie Magnus. 4 vols. London:
Murray, 1901.

Graeser, Andreas. "On Language, Thought, and Reality in
Ancient Greek Philosophy." *Dialectica* 31 (1977) :
359 ~ 388.

Gross, Nicholas. *Amatory Persuasion in Antiquity: Studies
in Theory and Practice.* Newark: University of Delaware
Press, 1985.

Havelock, Eric A. *The Liberal Temper in Greek Politics.* New
Haven: Yale University Press, 1957.

——. "The Linguistic Task of the Pre-Socratics." *Language
and Thought in Early Greek Philosophy.* Ed. Kevin Robb.
La Salle, IL: Hegeler Institute, 1983. 7 ~ 82.

——. *The Literate Revolution in Greece and Its Cultural
Consequences.* Princeton: Princeton University Press,
1982.

——. *Preface to Plato*. Cambridge: Harvard University Press, 1982.

Jacob, Bernard. "What If Aristotle Took Sophists Seriously? New Reading in Aristotle's Rhetoric." *Rhetoric Review* 14 (1996): 237~252.

Jaeger, Werner. *Paideia: The Ideals of Greek Culture*. Rev. ed. 3 vols. Trans. Gilbert Highet. New York: Oxford University Press, 1945. 136

Kennedy, George A. *The Art of Persuasion in Greece*. Princeton: Princeton University Press, 1963.

——. *Classical Rhetoric and Its Chrisitian and Secular Tradition from Ancient to Modern Times*. Chapel Hill: University of North Carolina Press, 1980.

Lentz, Tony M. *Orality and Literacy in Hellenic Greece*. Carbondale: Southern Illinois University Press, 1989.

Lloyd, G. E. R. *Polarity and Analogy: Two Types of Argumentation in Early Greek Thought*. Cambridge: Cambridge University Press, 1966.

Loraux, Nicole. *The Invention of Athens: The Funeral Oration in the Classical City*. Cambridge: Harvard University Press, 1986.

Moulder, James. "New Ideas on Early Greek Philosophy." *South African Journal of Philosophy* 2 (1983): 87~91.

Nehamas, Alexander. "Eristic, Antilogic, Sophistry." *History of Philosophy Quarterly* 7 (1990): 3~16.

Poster, Carol. "Being and Becoming: Rhetorical Ontology in Early Greek Thought." *Philosophy and Rhetoric* 29 (1996): 1~14.

Poulakos, John. "Hegel's Reception of the Sophists." *Western Journal of Speech Communication* 54 (1990) : 160 ~ 171.

Poulakos, Takis. "Historiographies of the Tradition of Rhetoric: A Brief History of Classical Funeral Orations." *Western Journal of Speech Communication* 54 (1990) : 172 ~ 188.

Rankin, H, D, *Sophists, Socratics, and Cynics.* New York: Barnes, 1983.

Robb, Kevin. *Literacy and Paideia in Ancient Creece.* New York: Oxford University Press, 1994.

Rose, Peter W. " Sophocles' Philoctetes and the Teachings of the Sophists." *Harvard Studies in Classical Philology* 80 (1976) : 49 ~ 105.

Schiappa, Edward. "Did Plato Coin Rhêtorikê? " *American Journal of Philology* 111 (1990) : 457 ~ 470.

———. Rhêtorikê: What's in a Name? Toward a Revised History of Early Greek Rhetorical Theory." *Quarterly Journal of Speech* 78 (1992) : 1 ~ 15.

Shaw, Daniel C. "Nietzsche as Sophist: A Polemic, " *International Philosophical Quarterly* 26 (1986) : 33d1 ~ 39.

Solmsen, Friedrich. *Intellectual Experiments of the Greek Enlightenment.* Princeton: Princeton University Press, 1975.

Stanton, G. R. "Sophists and Philosophers: Problems of Classification." *American Journal of Philology* 94 (1973) : 350 ~ 364.

Swearingen, C. Jan. "Literate Rhetors and Their Illiterate Audiences: The Orality of Early Literacy." *Pre/Text* 7 (1986): 145 ~ 162.

Thom, Paul.? "A Lesniewskian Reading of Ancient Ontology: Parmenides to Democritus." *History and Philosophy of Logic* 7 (1986): 155 ~ 166.

Thomas, Rosalind. *Literacy and Orality in Ancient Greece.* 137 New York: Cambridge University Press, 1992.

Whitson, Steve. "On the Misadventures of the Sophists: Hegel's Tropological Appropriation of Rhetoric." *Argumentation* 5 (1991): 187 ~ 200.

Wiesenthal, Max. "Friedrich Nietzsche and the Greek Sophistic." Trans. Kerry K. Riley–Nuss. *Argumentation* 5 (1991): 201 ~ 220.

Wilcox, S. "The Scope of Early Rhetorical Instruction." *Harvard Studies in Classical Philology* 46 (1942): 121 ~ 155.

Wilkerson, K. E. "From Here to Citizen: Persuasion in Early Greece." *Philosophy and Rhetoric* 15 (1982): 104 ~ 125.

引用文献

Adorno, Theodor W. "The Culture Industry Reconsidered."
Trans. Anson G. Rabinbach. *Critical Theory and Society.*
A Reader. Ed. Stephen Eric Bronner and Douglas MacKay
Kellner. New York: Routledge, 1989. 128 ~ 135.

Aeschylus. *Prometheus Bound.* Trans. David Green. *Greek*
Tragedies. Ed. David Green and Richard Lattimore.
Chicago: University of Chicago Press, 1960. 61 ~ 105.

Anderson, Benedict. *Imagined Communities: Reflections on*
the Origin and Spread of Nationalism. London: Verso,
1991.

Ang, Ien. "In the Realm of Uncertainty: The Global Village
and Capitalist Postmodernity." *Communication Theory*
Today. Ed. David Crowley and David Mitchell. Stanford,
CA: Stanford University Press, 1994. 193 ~ 213.

Aristides. *Orations* (46). Trans. William O' Neil. "Name
and Notion." *The Older Sophists.* Ed. Rosamond Kent
Sprague. Columbia: University of South Carolina Press,
1972. 1.

Aristotle. *On Rhetoric: A Theory of Civic Discourse*. Trans. George A. Kennedy. New York: Oxford University Press, 1991.

———. *Sophistical Refutations*. Trans. W. A. Pickard-Cambridge. *The Complete Works of Aristotle*. Ed. Jonathan Barnes. Vol. 1. Princeton: Princeton University Press, 1984. 278~314.

Barilli, Renato. *Rhetoric*. Trans. Giuliana Menozzi. Minneapolis: University of Minnesota Press, 1989.

Barnlund, Dean C. *Public and Private Self in Japan and the United States*. Tokyo: Simul, 1975.

Baudrillard, Jean. *Seduction*. Trans. Brian Singer. New York: St. Martin's, 1990.

———. *Simulations*. Trans. Paul Foss, Paul Patton, and Philip Beitchman. New York: Semiotext(e), 1983.

Baumlin, James S. "Decorum, *kairos*, and the 'New' Rhetoric." *Pre/Text* 5 (1984): 171~183.

Benjamin, Walter. "Theses on the Philosophy of History." *Critical Theory and Society: A Reader*. Ed. Stephen Eric Bronner and Douglas MacKay Kellner. New York: Routledge, 1989. 255~263.

Berlin, James A. "Aristotle's Rhetoric in Context: Interpreting Historically." *A Rhetoric of Doing: Essays on Written Discourse in Honor of James L. Kinneavy*. Ed. Stephen P. Witte, Neil Nakadate, and Roger Cherry. Carbondale: Southern Illinois University Press, 1992. 55~64.

———. *Rhetorics, Poetics, and Cultures: Refiguring College*

English Studies. Urbana, IL: NCTE, 1996.

Bialostosky, Don H. "Antilogics, Dialogics, and Sophistic Social Psychology: Michael Billig's Reinvention of Bakhtin from Protagorean Rhetoric." *Rhetoric, Sophistry, Pragmatism*. Ed. Steven Mailloux. New York: Cambridge University Press, 1995. 82~93.

Burke, Kenneth. "Terministic Screens." *Language as Symbolic Action: Essays on Life, Literature, and Method*. Berkeley: University of California Press, 1996. 44~62.

——. "What Are the Signs of What? (A Theory of 'Entitlement')." *Language as Symbolic Action: Essays on Life, Literature, and Method*. Berkeley: University of California Press, 1966. 359~379.

Burnet, John. *Greek Philosophy: From Thales to Plato*. New York: Macmillan, 1968.

Buxton, R. G. A. *Persuasion in Greek Tragedy: A Study of Peitho*. Cambridge: Cambridge University Press, 1982.

Chase, J. Richard. "The Classical Conception of Epideictic." *Quarterly Journal of Speech* 47 (1961): 293~300.

Clark, Donald. *Rhetoric in Greco-Roman Education*. New York: Columbia University Press, 1957.

Cole, Thomas. *The Origins of Rhetoric in Ancient Greece*. Baltimore: Johns Hopkins University Press, 1991.

Consigny, Scott. "Edward Schiappa's Reading of the Sophists." *Rhetoric Review* 14 (1996): 253~269.

——. "Gorgias's Use of the Epideictic." *Philosophy and Rhetoric* 25 (1992): 281~297.

——. "Sophistic Challenges: Gorgias' Epideictic Rhetoric and Postmodern Performance Art." *Rhetoric in the Vortex of Cultural Studies*. Ed. Arthur Walzer. St. Paul, MN: Rhetoric Society of America, 1992. 110～119.

Covino, William A. "Magic And/ As Rhetoric." *Journal of Advanced Composition* 12 (1992) : 349～358.

Crowlet, Sharon. "Of Gorgias and Grammatology." *College Composition and Communication* 30 (1979) : 279～284.

——. "A Plea for the Revival of Sophistry." *Rhetoric Review* 7 (1989) : 318～334.

Crowley, Sharon and Debra Hawhee. *Ancient Rhetorics for Contemporary Students*. 2nd ed. Boston: Alllyn, 1999.

Cruz, Jon. "From Farce to Tragedy: Reflections on the Reification of Race at Century' s End." *Mapping Multiculturalism*. Ed. Avery F. Gordon and Chrisropher Newfield. Minneapolis: University of Minnesota Press, 1996. 19～39.

Davies, J.K. *Democracy and Classical Greece*. Stanford: Stanford University Press, 1983.

De Certeau, Michel. *The Practice of Everyday Life*. Trans. Steven Rendall. Berkeley: University of California Press, 1984.

——. *The Writing of History*. Trans. Tom Conley. New York: Columbia University Press, 1988.

de Romilly, Jacqueline. *The Great Sophists in Periclean Atbens*. Trans. Janet Lloyd. Oxford: Clarendon, 1992.

Derrida, Jacques. "Sending: On Representation." Trans. Peter Caws and Mary Ann Caws. *Social Research* 49

（1982）：294～326.

——. "Signature Event Context." *Margins of Philosophy.* Trans. Alan Bass. Chicago: University of Chicago Press, 1982. 307～330.

——. *Speech and Phenomena.* Trans. David B. Allison. Evanston, IL: Northwestern University Press, 1973.

——. "Structure, Sign, and Play in the Discourse of the Human Sciences." *Writing and Difference.* Trans. Alan Bass. Chicago: University of Chicago Press, 1978. 278～293.

——. "The Theater of Cruelty and the Closure of Representation." *Writing and Difference.* Trans. Alan Bass. Chicago: University of Chicago Press, 1978. 232～249.

Diels, Hermann, and Walther Kranz. *Die Fragmente Der Vorsokratiker.* 3 vols. Berlin: Weidmann, 1951～1952.

DiStephano, Joseph J. "Case Methods in International Management Training." *Handbook of Intercultural Communication.* Ed. Molefi Kete Asante, Eileen Newmark, and Cecil A. Blake. London: Sage, 1979. 421～446.

Dodds, E. R. *The Greeks and the Irrational.* Berkeley: University of California Press, 1951.

——. *Introduction. Plato: Gorgias.* Oxford: Clarendon, 1959. 1～66.

Ducrey, Pierre. *Warfare in Ancient Greece.* Trans. Janet Lloyd. New York: Schocken, 1985.

Enos, Richard Leo. "Why Gorgias of Leontini Traveled to

Athens: A Study of Recent Epigraphical Evidence."
Rhetoric Review 11（1992）: 1～15.

Field, G. C. *Intoduction. Plato: Socratic Dialogues.* By W. D.
Woodhead. London: Nellson, 1962. i-xxi.

Foucault, Michel. *The Order of Things: An Archaeology of
the Human Sciences.* New York: Vintage, 1973.

Frecman, Kathlecn. *Ancilla to the Pre-Socratic Philosophers.*
Cambridge: Harvard University Press, 1948.

——. *The Pre-Socratic Philosophers: A Companion to Diels,
Die Fragmente Der Vorsokratiker.* 3rd ed. Oxford: Basil
Blackwell, 1953.

Gibson, Walker. "In Praise of the Sophists." *College English*
55（1993）: 284～290.

Giroux, Henry. *Border Crossings: Cultural Workers and the
Politics of Education.* New York: Routledge, 1992.

——. *Pedagogy and the Politics of Hope: Theory, Culture,
and Schooling.* Boulder, CO: Westview, 1997.

Golding, Peter. "Global Village or Global Pillage?"
*Capitalism and the Information Age: The Political
Economy of the Global Communication Revolution.* Ed.
Robert W. McChesney, Ellen Meiksins Wood, and John
Bellamy Foster. New York: Monthly Review, 1998.
69～86.

Gramsci, Antonio. *Selections from the Prison Notebooks.*
Ed. and trans. Q. Hoare and G. Nowell-smith. London:
Lawrence, 1974.

Greenblatt, Stephen J. *Learning to Curse.* New York:
Routledge, 1990.

Gross, Nicholas. *Amatory Persuasion in Antiquity: Studies in Theory and Practice.* Newark: University of Deaware Press, 1985.

Guthrie, W. K. C. *The Sophists.* Cambridge: : Cambridge University Press, 1971.

Hall, Edward T., and Mildred Reed Hall. *Understanding Cultural Differences.* Yarmouth, ME: Intercultural, 1990.

Hall, Stuart. "Encoding/Decoding." *Culture, Media, Language.* London: Hutchinson, 1980. 128 ~ 138.

Hammond, N.G. L. *A History of Greece to 322 BC.* 3rd ed. Oxford: Clarendon, 1986.

Havelock, Eric A. "The Linguistic Task of the Presocratics." *Language and Thought in Early Greek Philosophy.* Ed. Kevin Robb. La Salle, IL: Hegeler Institute, 1983. 7 ~ 82.

Hays, Steve. "On the Skeptical Influence of Gorgias' On Non-Being." *Journal of the History of Philosophy* 28 (1990) : 327 ~ 337.

Hesiod, *Works and Days.* In *The Homeric Hymns and Homerica.* Trans. Hugh G. Evelyn White. Cambridge: Harvard University Press, 1936. 2 ~ 65.

Homer. *The Iliad.* Trans. A. T. Murray. 2 vols. Cambridge: Harvard University Press, 1957.

Hurst, Paul, and Grahame Thompson. *Globalization in Question: The International Economy and the Possibilities of Governance.* Cambridge: Polity, 1996.

Irwin, Terence. *Introduction. Plato's Gorgias.* Oxford:

Clarendon, 1979. 1 ~ 12.

Jameson, Fredric. "Periodizing the ' 60s." *The '60s Without Apolopy*. Ed. Sohnya Sayres et al. Minneapolis: University of Minnesota Press, 1984. 178 ~ 209.

Jarratt, Susan. *Rereading the Sophists: Classicla Rhetoric Refigured*. Carbondale: Southern Illinois University Press, 1991.

——. "Speaking to the Past: Feminist Historiography in Rhetoric. *Pre/Text* 11（1990）: 189 ~ 209.

——. "Toward a Sophistic Historiography." *Pre/Text* 8 （1987）: 9 ~ 26.

Kennedy, George A., trans. *Aristotle, On Rhetoric: A Theory of Civic Discourse*. New York: Oxford University Press, 1991.

Kerferd. G. B. *The Sophistic Movement*. Cambridge: Cambridge University Press, 1981.

Kinneavy, James L. "*kairos*: A Neglected Concept in Classical Rhetoric." *Rhetoric and Praxis: The Contribution of Classical Rhetoric to Practical Reasoning*. Ed. Jean Dietz Moss. Washington, DC: Catholic University of American Press, 1986.79 ~ 105.

Krentz, Peter. *The Thirty at Athens*. Ithaca, NY: Cornell University Press, 1982.

Lanham, Richard A. *Literacy and the Survival of Humanism*. New Haven: Yale University Press, 1983.

Leff, Michael C. "In Search of Ariadne's Thread: A Review of the Recent Literature on Rhetorical Theory." *Central States Speech Journal* 29（1978）: 73 ~ 91.

——. "Modern Sophistic and the Unity of Rhetoric." *The Rhetoric of the Human Sciences: Language and Argument in Scholarship and Public Affairs.* Ed. John S. Nelson, Allan Megill, and Donald N. McCloskey. Madison: University of Wisconsin Press, 1987. 19 ~ 37.

Lentz, Tony M. *Orality and Literacy in Hellenic Greece.* Carbondale: Southern Illinois University Press, 1989.

Lloyd, G. E. R. *The Revolutions of Wisdom: Studies in the Claims and Practice of Ancient Greek Science.* Berkeley: University of California Press, 1987.

Lodge, David. "Jacques Derrida." *Modern Criticism and Theory: A Reader.* Ed. David Lodge. London: Longman, 1988. 107 ~ 108.

Lyotard, Jean-Francois. "Beyond Representation." Trans. Jonathan Culler. *The Lyotard Reader.* Ed. Andrew Benjamin. Cambridge MA: Blackwell, 1989. 155 ~ 168.

——. *The Differend: Phrases in Dispute.* Trans. Georges Van Den Abbeele. Minneapolis: University of Minnesota Press, 1988.

——. *Heidegger and "the jews."* Trans. Andreas Michel and Mark Roberts. Minneapolis: University of Minnesota Press, 1990.

Mailloux, Steven. "Introduction: Sophistry and Rhetorical Pragmatism." *Rhetoric, Sophistry, Pragmatism.* Ed. Steven Mailloux. New York: Cambridge University Press, 1995. 1 ~ 31.

McChesney, Robert W. "The Political Economy of Global Communication." *Capitalism and the Information Age:*

The Political Economy of the Global Communication Revolution. Ed. Robert W. McChesney, Ellen Meiksins Wood, and John Bellamy Foster. New York: Monthly Review, 1998. 1 ~ 26.

Mclaren, Peter. "White Terror and Oppositional Agency: Towards a Criticla Multiculturalism." *Multicultural Education, Critical Pedagogy, and the Politics of Difference.* Ed. Christine E. Sleeter and Peter McLaren. New York: State University of New York Press, 1995. 33 ~ 70.

Mcluhan, Marshal, and Bruce Powers. *The Global Village: Transformations in World Life and Media in the Twenty-First Century.* New York: Oxford University Press, 1989.

Morley, David, and Kevin Robins. *Spaces of Identity: Global Media, Electronic Landscapes, and Cultural Boundaries.* London: Routledge, 1995.

Moss, Roger. "The Case for Sophistry." *Rhetoric Revalued.* Ed. Brian Vickers. Binghamton, NY: Center for Medieval and Early Renaissance Studies, 1982. 207 ~ 224.

Nazer, Hisham M. *Power of a Third Kind: The Western Attempt to Colonize the Global Village.* London: Praeger, 1999.

Neel, Jasper. *Plato, Derrida, and Writing.* Carbondale: Southern Illinois University Press, 1988.

Nolan, Riall W. *Communicating and Adapting Across Cultures: Living and Working in the Global Village.* London: Bergin, 1999.

Plato. *Gorgias*. Trans. W. D. Woodhead. *Plato*: *The Collected Dialogues*. Ed. Edith Hamilton and Huntington Cairns. Princeton, NJ: Princeton University Press, 1961.229 ~ 307.

——. *Meno*. Trans. W. K. C. Guthrie. *Plato*: *The Collected Dialogues*. Ed. Edith Hamilton and Huntington Cairns. Princeton, NJ: Princeton University Press, 1961. 353 ~ 384.

——. *Phaedrus*. Trans. R. Hackforth. *Plato*: *The Collected Dialogues*. Ed. Edith Hamilton and Huntington Cairns. Princeton, NJ: Princeton University Press, 1961. 475 ~ 525.

——. *Protagoras*. Trans. W. K. C. Guthrie. *Plato*: *The Collected Dialogues*. Ed. Edith Hamilton and Huntington Cairns. Princeton, NJ: Princeton University Press, 1961. 308 ~ 352.

——. *Republic*. Trans. Paul Shorey. *Plato*: *The Collected Dialogues*. Ed. Edith Hamilton and Huntington Cairns. Princeton, NJ: Princeton University Press, 1961. 575 ~ 844.

——. *Sophist*.Trans. F. M. Cornford. *Plato*: *The Collected Dialogues*. Ed. Edith Hamilton and Huntington Cairns. Princeton, NJ: Princeton University Press, 1961. 957 ~ 1017.

——. *Timaeus*. Trans. Benjamin Jowett. *Plato*: *The Collected Dialogues*. Ed. Edith Hamilton and Huntington Cairns. Princeton, NJ: Princeton University Press, 1961. 1151 ~ 1211.

Popper, Karl. *The Poverty of Historicism*. Boston: Beacon, 1957.

Poulakos, John. *Sophistical Rhetoric in Classical Greece*. Columbia: University of South Carolina Press, 1995.

——. "Toward a Sophistic Definition of Rhetoric." *Philosophy and Rhetoric* 16 (1983) : 35 ~ 48.

Poulakos, Takis. "The Historical Intervention of Gorgias' Epitaphios: The Genre of Funeral Oration and the Athenian Institution of Public Burials." *Pre/Text* 10 (1989) : 90 ~ 99.

——. "Towards a Cultural Understanding of Classical Epideictic Oratory." *Pre/Text* 9 (1988) : 147 ~ 166.

Pratt, Mary Louise. "Arts of the Contact Zone." *Profession* 91. New York: MLA, 1991. 33 ~ 40.

Robinson, T. M. *Contrasting Arguments: An Edition of the Dissoi Logoi*. Salem, NH: Ayer, 1984.

Rosenmeyer, Thomas G. "Gorgias, Aeschylus, and Apate." *American Journal of Philology* 76 (1955) : 225 ~ 260.

Royer, Daniel J. "New Challenges to Epistemic Rhetoric." *Rhetoric Review* 9 (1991) : 282 ~ 297.

Said, Edward. "Traveling Theory." *The World, the Text, and the Critic*. Cambridge: Harvard University Press, 1983. 226 ~ 247.

Schiappa, Edward. "Isocrates' Philosophia and Contemporary Pragmatism." *Rhetoric, Sophistry, Pragmatism*. Ed. Steven Mailloux. New York: Cambridge University Press, 1995. 33 ~ 60.

———. "Neo-Sophistic Rhetorical Criticism or the Historical Reconstruction of Sophistic Doctrines? " *Philosophy and Rhetoric* 23（1990）: 192～217.

———. *Protagoras and Logos*: *A Study in Greek Philosophy and Rhetoric*. Columbia: University of South Carolina Press, 1991.

———. "Rhêtorikê : What' s in a Name? Toward a Revised History of Early Greek Rhetorical Theory." *Quarterly Journal of Speech* 78（1992）: 1～15.

———. "Sophistic Rhetoric: Oasis or Mirage? " *Rhetoric Review* 10（1991）: 5～18.

Schnapper, Melvin. "Multinational Training for Multinational Corportions." *Handbook of Intercultural Communication*. Ed. Molefi Keter Asante, Eileen Newmark, and Cecil A. Blake. London: Sage, 1979. 447～474.

Scott, Robert L. "On Viewing Rhetoric as Epistemic." *Central States Speech Journal* 18（1967）: 9～17.

Segal, Charles P. "Gorgias and the Psychology of the *Logos*." *Harvard Studies in Classical Philology* 66（1962）: 99～155.

Sprague, Rosamond Kent, ed. *The Older Sophists*. Columbia: University of South Carolina Press, 1972.

Stanford, W. B. *Greek Tragedy and the Emotions*. Boston: Routledge, 1983.

Taylor, Maureen, and Edward Schiappa. "How Accurate is Plato' s Portrayal of Gorgias of Leontini? " *Rhetoric in the Vortex of Cultural Studies*. Ed. Arthur Walzer. Minneapolis: Rhetoric Society, 1993. 23～31.

Thompson, W. H. *Introduciton. The Gorgias of Plato*. New York: Arno, 1973. i–xx

Thucydides. *The Peloponnesian War*. Trans. Benjamin Jowett. Vol. 1 of The Greek Historians: The Complete and Unabridged Historical Works of Herodotus, Thucydides, Xenophon, and Arrian. Ed. Francis R. B. Godolphin. 2 vols. New York: Random House, 1942. 567 ~ 1001.

Tomlinson, John. *Cultural Imperialism*. Baltimore: Johns Hopkins University Press, 1991.

Trimbur, John. "Taking the Social Turn: Teaching Writing Post-Process." *College Composition and Communication* 45 (1994): 108 ~ 118.

Untersteiner, Mario. *The Sophists*. Trans. Kathleen Freeman. Oxford: Blackwell, 1954.

Vakhrushev, Vasily. *Neocolonialism: Methods and Manoeuvers*. Trans Katherine Judelson. Moscow: Progress, 1973.

Vitanza, Victor J. *Negation, Subjectivity, and the History of Rhetoric*. New York: State University of New York Press, 1997.

——. "'Some More' Notes, Toward a 'Third' Sophistic." *Argumentation* 5 (1991): 117 ~ 139.

White, Eric Charles. *Kaironomia: On the Will-to-Invent*. Ithaca, NY: Cornell University Press, 1987.

Wick, Audrey. "The Feminist Sophistic Enterprise: From Euripides to the Vietnam War." *Rhetoric Society Quarterly* 22 (1992): 27 ~ 38.

Williams, Raymond. *Marxism and Literature*. Oxford:

Oxford University Press, 1977.

Willis, Paul. "Notes on Method." *Culture*, *Media*, *Language*. London: Hutchinson, 1980. 89 ~ 95.

Xenophon. *Hellenica*. Trans. Henry G. Dakyns. Vol. 2 of *The Greek Historians: The Complete and Unabridged Historical Works of Herodotus*, *Thucydides*, *Xenophon*, *and Arrian*. Ed. Francis R. B. Godolphin. 2 vols. New York: Random House, 1942. 3 ~ 221.

——. *Memorabilia* (1.2.12 ~ 31) . Trans. Donald Norman Levin. "Critias." *The Older Sophists*. Ed. Rosamond Kent Sprague. Columbia: University of South Carolina Press, 1972. 244 ~ 245.

Index

图书在版编目（CIP）数据

高尔吉亚与新智术师修辞 / (美) 麦科米斯基著；
张如贵译. — 长春 : 吉林出版集团有限责任公司，
2014.8
书名原文: Gorgias and the new sophistic
rhetoric
ISBN 978-7-5534-5196-1

Ⅰ.①高… Ⅱ.①麦… ②张… Ⅲ.①高尔吉亚（约
前483～前375）– 思想评论 Ⅳ.①B502

中国版本图书馆CIP数据核字(2014)第163667号

高尔吉亚与新智术师修辞

著　　者	[美]布鲁斯·麦科米斯基	
译　　者	张如贵	
出 品 人	刘丛星	
创　　意	吉林出版集团·北京汉阅传播	
总 策 划	崔文辉	
责任编辑	崔文辉　张春峰	
装帧设计	未　氓	
开　　本	650mm×950mm　1/16	
印　　张	14	
版　　次	2014年8月第1版	
印　　次	2017年7月第2次印刷	

出　　版	吉林出版集团有限责任公司
发　　行	北京吉版图书有限责任公司
地　　址	北京市西城区椿树园15–18号底商A222
	邮编：100052
电　　话	总编办：010–63109269
	发行部：010–63104979
网　　址	http://www.beijinghanyue.com/
邮　　箱	jlpg-bj@vip.sina.com
印　　刷	三河市京兰印务有限公司

ISBN 978-7-5534-5196-1　　　　　定价：39.80元